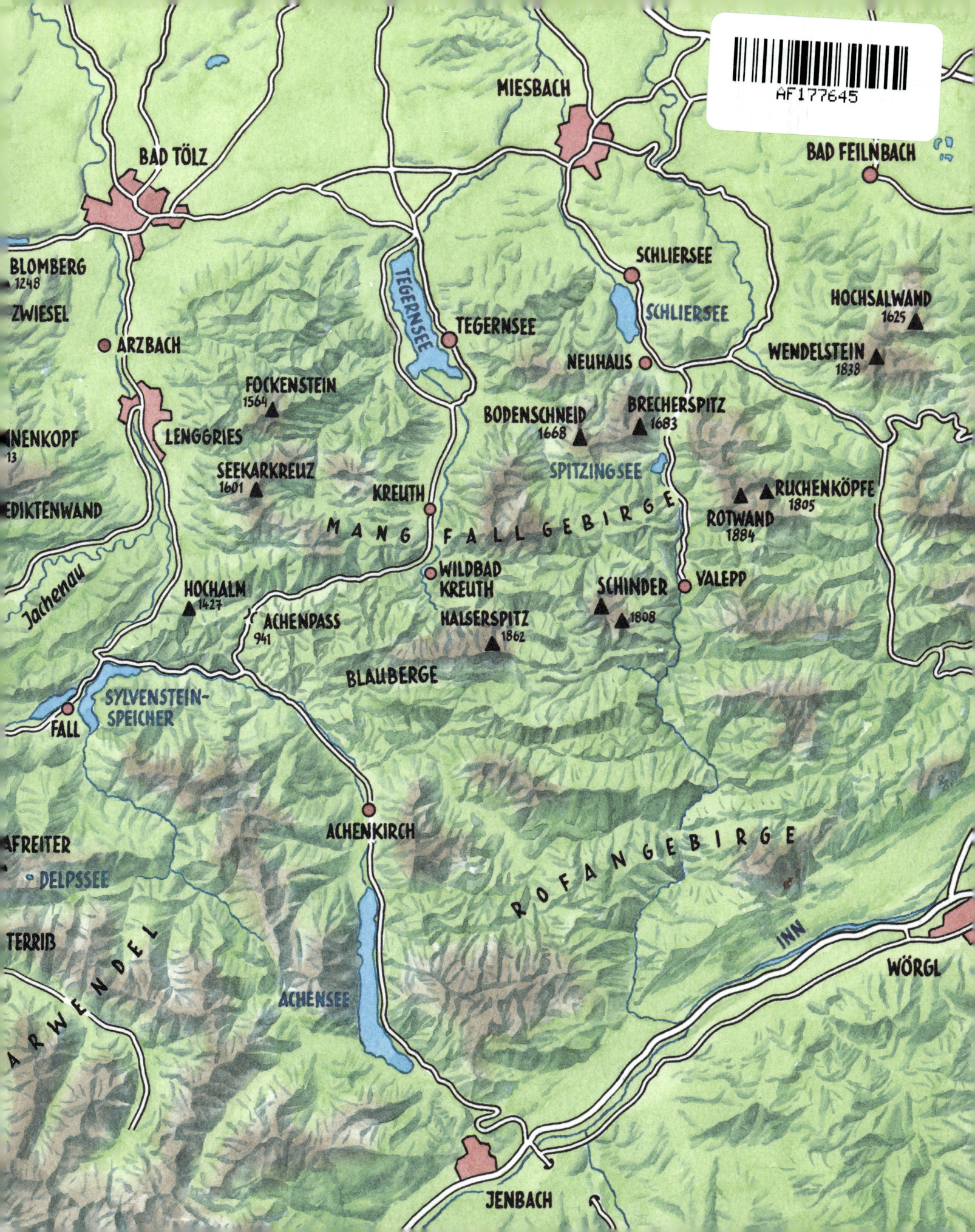

UNSERE
BERGHEIMAT

Wer die Heimatberge nicht liebt,
kann auch fremde Täler nicht lieben.

Aus dem Kaukasus

Bernd Ritschel
Eugen E. Hüsler

UNSERE
BERGHEIMAT

LIEBLINGSZIELE IN DEN BAYERISCHEN ALPEN

Bergverlag Rother

INHALT

UNSERE BERGHEIMAT

Heimat. Ein Wort – ein Gefühl. Und auch eine Frage, die heute, in unserer unsteten Zeit, ganz aktuell ist. Denn für viele hat sich der Begriff fatal verändert, aus Heimat ist heimatlos geworden. Kriege, Elend lassen die Menschen fliehen, manchmal um den halben Planeten, und wo sie ankommen oder stranden, ist noch lange keine Heimat.

Heimat heißt: dazugehören, nicht ausgegrenzt werden. Heimat ist zunächst einmal ein Geburtsrecht, also angeboren. Manchmal wächst sie einem zu, im Lauf der Zeit, oder wenigstens den Kindern. Früher galt man als Einheimischer, wenn der Urgroßvater schon auf eine Reihe von Vorfahren zurückblicken konnte, die denselben Hof bewirtschaftet hatten. Das war lange bevor das erste Automobil den Kesselberg hinaufknatterte. Heute sind die Menschen ungleich mobiler, die Welt ist (fast) zum Dorf geworden, man lernt sich über Grenzen hinweg kennen – und manchmal auch lieben. Der Horizont ist weiter, und das hilft mitunter sogar, dass Vorurteile verschwinden. Eine Reise über den Brenner an die Adria war noch vor zwei Generationen für viele ein Traum, heute hebt man ab für den Kurztrip nach Barcelona.

Welt im Wandel, in Bewegung. Da wird Heimat, so paradox das vielleicht klingen mag, fast noch wichtiger. Der Mensch braucht Wurzeln, auch im digitalen Zeitalter. Daheim sein statt »wisch-und-weg« am Display. Ein Sonnenaufgang am Heimgarten oder der Geruch von Erde, auf die ein warmer Frühsommerregen niedergegangen ist. Bergluft atmen.

Wandern auf den Sonntratn, mit Blick auf die Benediktenwand (links); der Lainbachfall bei Kochel (Mitte); beliebte Einkehr am Weg zur Benediktenwand: die Tutzinger Hütte (rechts).

Mit den Bergen verhält es sich fast so wie mit der Heimat. Der eine ist am Fuß der Alpen oder gleich mittendrin geboren, der andere lernt sie irgendwann im Lauf seines Lebens kennen. Und lieben. Die Berge sind großes Theater für Menschen mit wachen Sinnen, jede Aufführung am gleichen Berg, pardon: auf derselben Bühne ist neu, anders. Egal, wie oft du am Jochberg oder am Heimgarten unterwegs bist, immer wird ein neues Stück gegeben: mal ein Sonnenaufgang mit fantastischen Wolkenspielen, dann ein Gewitter am Gipfel, Nebelmeer draußen im flachen Land. Wenn's dem Wettergott gefällt, pfeift dir der Föhn um die Ohren. Du wanderst allein oder mit Freunden auf den Berg. Eines Tages wirst du jeden Stein am Weg als alten Bekannten begrüßen, und die großen Steine am Horizont kennst du sowieso schon.

Bernd, ein echter Bayer, und Eugen, ein »Zuagroasta«, der am Zürichsee mit Blick auf den Tödi groß wurde – wir beide sind seit vielen Jahren in den Bayerischen Voralpen, im Karwendel, im Wetterstein unterwegs. Und auch anderswo in der Welt. Doch dann, nach Tagen und Wochen, zieht's uns zurück ins bayerische Alpenvorland, weil wir wissen: Da bin i dahoam. Und dieses Gefühl lebt auch in unserem Buch, hoffen wir beide, denen die bayerischen Berge schon immer Heimat waren oder schon längst geworden sind.

Bernd Ritschel und
Eugen E. Hüsler

Kochel am See, Dietramszell

Zwischen Abgrund und Gipfel gebaut, ins letzte Abendlicht getaucht: die Tegernseer Hütte vor dem Buchstein. ▽▽

Guten Morgen,
Clarissa (oben)!
Felszahn überm Nebel,
kreuzgeschmückt:
der Hennenkopf (links).

DER OSTEN –
DAS MANGFALLGEBIRGE

DER BERG DES HERRN STEINBEIS

Die Terrasse ist gut besetzt, es duftet nach Schweinsbraten und Pommes, auf den Tischen stehen leere und halbvolle Biergläser, über manchen Bäuchen spannt sich das Hemd. Sonnenstudiobräune kontrastiert mit Pickelblässe, Klingeltöne und Kindergeschrei sorgen für akustische Akzente. Hundert Ausflügler sind auf dem breiten Gipfelweg unterwegs, und auch das Wendelsteinkirchlein möchte besichtigt werden. Es wird fleißig geknipst, die Liebste vor dem schönen Panorama, und gerade kommt die nächste Seilbahn an, die Schiebetür öffnet sich.

Ein Sommersonntag am Wendelstein. Gute Geschäfte für die Bahnen und das Restaurant; am Kiosk gibt's neben Kitsch auch Eis am Stiel. Ein paar Wanderer mit Rucksack und Stöcken wirken etwas verloren in der Menge, sie riechen nach dem dreistündigen Aufstieg auch garantiert nicht mehr so frisch wie das hippe Pärchen, das gerade der Seilbahn entsteigt.

FRÜHAUFSTEHER

5 Uhr 15 sagt die Digitalanzeige im Display meiner Lumix G3. Über dem Chiemsee steigt die Sonne als gleißender Ball in den rötlich gefärbten Himmel, sich im Wasser spiegelnd – ein großes Bild.

Es ist still, nur ein paar Vögel pfeifen den Tag herbei. In den Felsen des Lacherspitz stehen Gämsen, eine hat sogar den Gipfel erklommen und beobachtet uns von hoher Warte. Am südöstlichen Horizont prunken leuchtendweiß Glockner und Venediger, über dem tiefen Einschnitt des Ursprungpasses – genau südlich – zeigen sich fern die Firngipfel des Zillertaler Hauptkamms. Fast zum Greifen nah ist dagegen der Wendelstein, arg verbaut zwar, aber trotzdem ein schöner Berg, finde ich. Eine Stunde später sind wir oben auf der Gipfelterrasse, allein zu zweit, und genießen das zu Recht berühmte Panorama.

PROMINENTE BESUCHER

Wer als erster Mensch auf dem Wendelstein stand, ist so ungewiss wie die Bedeutung des Namens. Philipp Apian, Herausgeber der ersten bayerischen Landkarte, wusste bereits 1570 von Besteigungen zu berichten. Rund zwei Jahrhunderte später pries Lorenz von Westenrieder die Aussicht in romantisierendem Überschwang:

Das schönste Gipfelprofil des Mangfallgebirges, trotz modernem Kopfschmuck: der Wendelstein. Links der Bildmitte die Hochsalwand. △△

Der Farrenpoint ist ein hübscher Guck-ins-Land am Alpenrand. Blickfang am südlichen Horizont ist der Wendelstein mit seinem Antennenstachel. Links die Hochsalwand.

»Auf dem Rücken der Gebirge des Tyrols und der Schweiz, voll Licht und Schnee steigen wieder Berge empor und empor noch höher, und immer höher Alpen auf Alpen. Herrlich, herrlich!«

So richtig populär wurde die Wendelstein-Tour durch königliche Weihen. Maximilian II. bestieg den Berg anlässlich seiner großen Voralpentour im Jahr 1858. Das war für Bayrischzell ein Festtag.

MIT DEM ZUG AUF DEN BERG

Kein König, aber ein gewiefter Unternehmer und Industriepionier machte aus dem markanten Felszahn schließlich ein Ausflugziel für (fast) alle: Otto von Steinbeis. Er begründete in Bayern ein Firmenkonglomerat, das europaweit in der Holzindustrie und im Bahnbau tätig war. Größter Auftrag des Unternehmens »Steinbeis & Consorten Brannenburg« war die Erschließung riesiger Waldreviere in Bosnien für die forstwirtschaftliche Nutzung mit zeitweise mehr als 10 000 Beschäftigten. 1910 verkaufte Steinbeis seine Anteile an die K.-u.-k.-Monarchie, um seinen großen Traum zu verwirklichen: eine Touristenbahn auf den Wendelstein. Am 10. Februar desselben Jahres unterzeichnete der bayerische Prinzregent Luitpold die Konzessionsurkunde: Die Arbeiten konnten beginnen. Rund 800 Arbeiter, überwiegend aus dem Balkan, schaufelten und sprengten die zehn Kilometer lange Trasse mit ihren sieben Tunnels aus den Felsen. Am 25. Mai 1912 nahm die Bahn ihren Betrieb auf. Bereits im ersten Jahr lösten exakt 37 722 Personen ein Ticket, um auf der Schiene ganz bequem den 1838 Meter hohen Wendelstein zu »besteigen«.

Totholz im Wald, Heim- und Brutstätte für viele Kleintiere (links); der Wendelstein im Winterkleid (Mitte); Sonnenaufgang am Wendelstein (rechts).

DIE HOCHSALWAND

Das Gipfelpanorama ist immens, es reicht vom Großglockner bis zur Zugspitze, an ganz klaren Tagen sind am nördlichen Horizont sogar die Höhenzüge des Bayerischen Waldes auszumachen. Ganz nah dagegen sind die Trabanten des Wendelsteins, allesamt lohnende Wanderziele mit markierten Anstiegen. Sie bieten ein schönes Kontrastprogramm: Bergesruh' statt Gipfelrummel. Besonders gerne mag ich die Hochsalwand, die mit 1625 Metern kotiert ist, und da den Ostgrat. Der ist nicht markiert und weist ein paar leichte Kletterstellen auf. Wer den Anstieg über die Rampoldplatte nimmt, wird zwar von Wegweisern sicher zum Gipfel geleitet, muss aber unter dem Grat ebenfalls ab und zu nach dem Fels greifen. Wir sind zu zweit hinaufgestiegen, haben nach dem Berg des Herrn Steinbeis geschaut und nach dem gelben Züglein, wie es (scheinbar) im Zeitlupentempo an der steilen Soinwand zum Wendelstein hinaufzuckelt. Schön hier, im Schatten des Wendelsteins.

 TOURENSTECKBRIEF

Charakteristik: Abwechslungsreiche Runde mit ganz leichten Kletterstellen (I) am Ostgrat der Hochsalwand; Zu- und Abstieg auf guten Wegen
Start: Wanderparkplatz im Jenbachtal, Anfahrt von Bad Feilnbach
Verlauf: Parkplatz (830 m) – Schuhbräualm (1144 m) – Rampoldalm (1245 m) – Lechneralm (1250 m) – Ostgrat – Hochsalwand (1625 m) – Reindleralm (1429 m) – Jenbachtal – Parkplatz
Gehzeit / Anstiegsleistung: 6 Std. / 900 Hm

Blickfang bei jeder Rotwandtour: der lang gestreckte, mehrgipflige Grat des Hinteren Sonnwendjochs. ▽▽

WANDERZIEL UND KLETTERZÄHNE

Rotwand. Da denkt der Münchner, sofern er bergaffin ist, automatisch an eines der beliebtesten Ziele im Mangfallgebirge, gleich hinter dem Spitzingsee. Wer's nicht so mit dem Wandern hat, wird seine Schritte vielleicht eher ins »Rotwand eins« in München-Giesing lenken. Das angesagte Lokal liegt an der Rotwandstraße Nummer eins, was wiederum eindeutig auf den 1884 Meter hohen Gipfel verweist. Der lockte schon früh aussichtssüchtige Wandervögel an, und so erstaunt es nicht, dass bereits 1891 eine erste bescheidene Hütte oben am Berg ihre Pforten öffnete und 1907 dann das heute noch stehende Haus eröffnet wurde. Tapas gibt's da zwar keine, die Kasspatzen schmecken dafür prima. Und der Gipfel bietet ein glanzvolles Panorama, mit dem in der Landeshauptstadt höchstens der Fernsehturm konkurrieren kann. Freundlicherweise informiert eine Tafel am Kulminationspunkt über die bekanntesten Gipfel im weiten Rund. Edward Harrison Compton, der Sohn des legendären Alpenmalers Edward Compton, hat die Schau mit dem Zeichenstift festgehalten.

Nichts für Rotsockler, aber ein beliebtes Kletterrevier: die Ruchenköpfe, schroffe Nachbarn der Rotwand.

HANS DÜLFER WAR AUCH DA

Nicht zu übersehen ist die schroff-felsige Nachbarschaft der Rotwand: die Ruchenköpfe (1805 m). Sie verdienen ihren Namen durchaus (ruch = rau) und könnten auch als Mini-Dolomiti durchgehen. Der Fels jedenfalls ist erstklassig, die Südwand klimabegünstigt, also im Oktober noch sonnenwarm. Das wussten die Münchner Kletterer bereits vor hundert Jahren, galten die Zacken im Mangfallgebirge doch schon damals als Kinderstube für angehende Cracks. Moderne Climber, die gerne mit nacktem Oberkörper (Muckis!) ihre Kür absolvieren, stören sich möglicherweise an dem vergleichbar weiten Zustieg zum Einstieg. Da wäre es halt doch praktisch, wenn die Kalkzacken gleich neben dem »Sechzger-Stadion« in München stünden. Dann könnte man hinterher ja noch im »Rotwand eins« vorbeischauen …

Wir sind angemessen bekleidet und nehmen den Weg durch den Pfanngraben. Unser Ziel sind nicht die Ruchenköpfe, sondern die Rotwand, was auch besser zu unseren bergsteigerischen Ambitionen passt. Der Pfannbach hüpft über viele Kaskaden zu Tal, bildet immer wieder smaragdgrüne Gumpen, die an einem heißen Sommertag schon mal zu einem Fußbad verleiten. Oberhalb der Klamm folgt eine markante Geländestufe, die unser Weg in Kehren überwindet, dann öffnet sich die Grasmulde der Kümpflalm.

DER PROBLEMBÄR

»Erinnerst du dich noch an Bruno?«, frage ich. Hildegard nickt – natürlich. Vor 13 Jahren war's, als der Braunbär mit der amtlichen Bezeichnung JJ1 den Freistaat besuchte, zunächst von der Politik herzlich begrüßt. Das Tier wurde, aus Tirol kommend, erstmals am 20. Mai 2006 im Landkreis Garmisch-Partenkirchen gesichtet. Er zeigte sich wenig scheu, dafür stets recht hungrig, was ihn bald zum »Problembären« werden ließ. Versuche, das Tier einzufangen, misslangen, obwohl man dafür eigens ein paar finnische Bärenjäger eingeflogen hatte. Schließlich kam es zum Abschuss. Nachdem Wanderer Bruno am Vortag noch beim Bad im Soinsee beobachtet hatten, entdeckten ihn Jäger vor Sonnenaufgang bei der Kümpflalm. Am 26. Juni, um 4.30 Uhr, endete das Leben des Braunbären, der es ganz nebenbei zum Medienstar gebracht hatte. Heute kann man ihn beim Ausrauben eines Bienenstocks sehen, ausgestopft im Münchner Museum »Mensch und Natur«. Er befindet sich da in guter Gesellschaft: Auch jener Bär, der 1835 als letzter für 170 Jahre in Deutschland bei Ruhpolding erlegt wurde, ist postum im Museum gelandet ...

Wir passieren den »Tatort« und steigen weiter auf zum Rotwandhaus. Wie's aussieht, dampft die Küche ordentlich, weshalb wir gleich weitergehen zum Gipfel. Der hält die immer gleiche und immer schöne Aussicht für uns bereit. Viele Bekannte recken rundum ihre grasigen oder felsigen Häupter, da werden Erinnerungen geweckt an so manchen Tag zwischen Tal und Gipfel: Bergheimat.

Der Abstieg führt uns vorbei an der Bergstation der Taubensteinbahn. Die verkehrt nur noch im Sommer, auf der alten Piste wächst das Gras schon kniehoch. Die Sonne steht schon weit im Westen, als wir am Spitzingsee ankommen. Ich habe Hunger, und das bringt mich auf eine Idee. »Ich kenne ein Lokal in München, in Obergiesing, da gibt's prima bayerische Tapas und auch sonst allerlei leckeres Essen. Sollten wir mal probieren – was meinst du?«

Gewitterstimmung über dem Mangfallgebirge. Unverkennbar: der kariöse Felszahn des Blankensteins (oben). Eine Winternacht am Rotwandhaus. Ihre erste erlebte die vor ein paar Jahren renovierte Berghütte 1907. Ein bescheidener Vorgängerbau wurde bereits 1891 eröffnet, erwies sich aber bald als viel zu klein (unten).

 TOURENSTECKBRIEF

Charakteristik: Wenig anspruchsvolle, aber recht lange Wanderung, großes Panorama
Start: Spitzingsee (Parkplatz, Bushalt)
Verlauf: Spitzingsee (1090 m) – Blecksteinhaus (1022 m) – Waitzinger Alm (940 m) – Rotwandhaus (1737 m) – Rotwand (1884 m) – Taubensteinbahn (1610 m) – Spitzingsee
Gehzeit / Anstiegsleistung: 6 Std. / 950 Hm

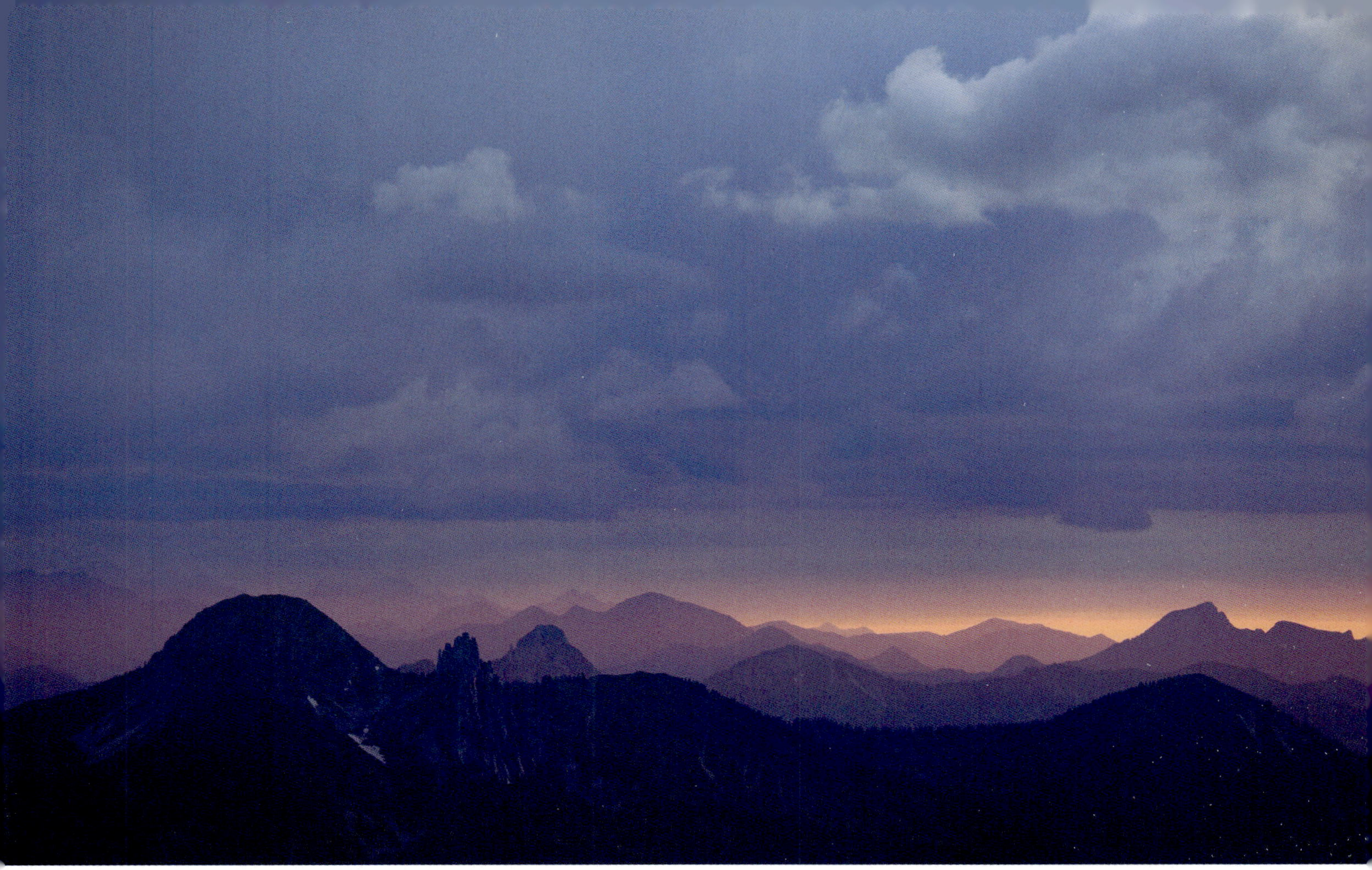

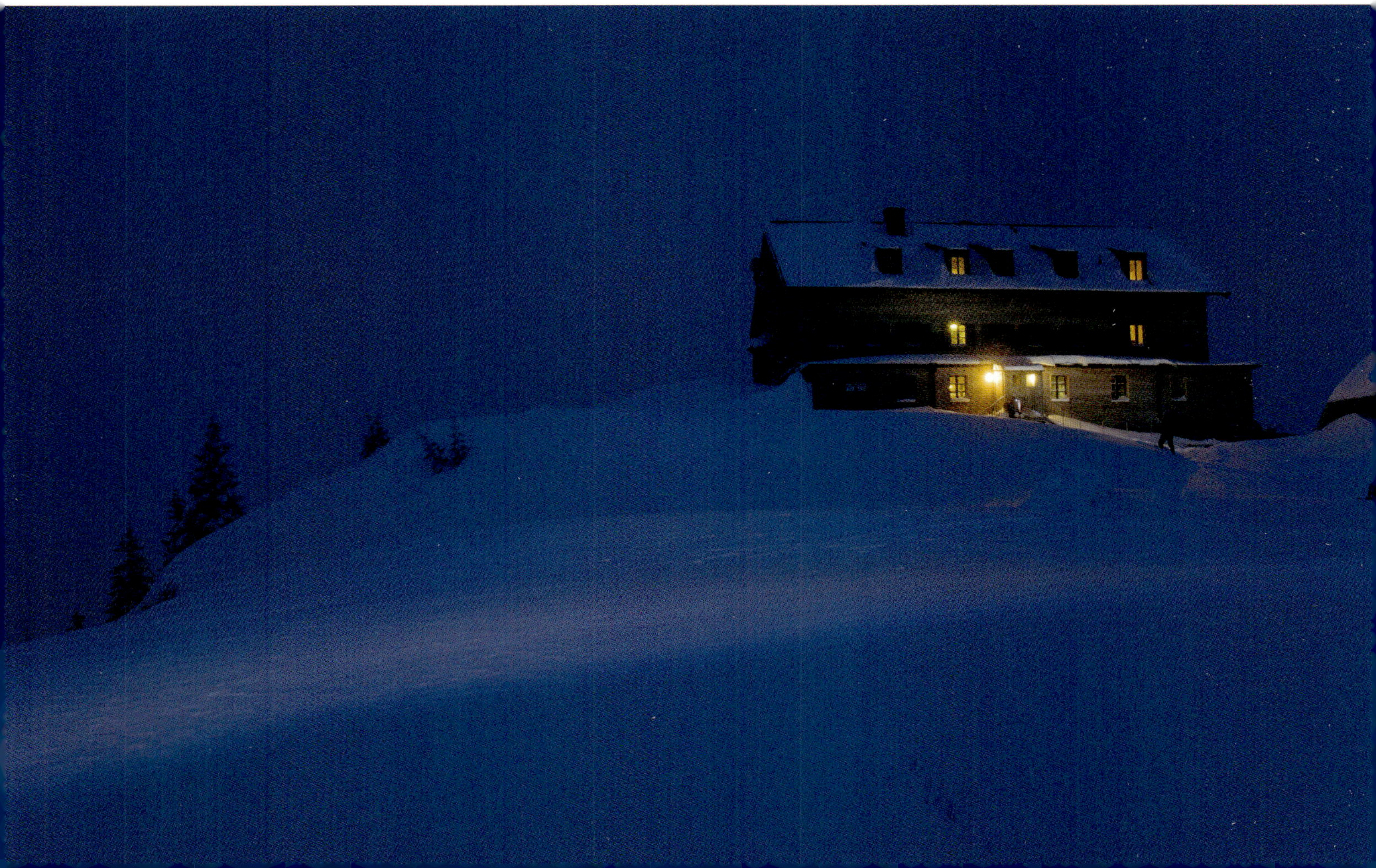

Ein Wintermärchen in Blau, an der Rotwand erlebt. Am südwestlichen Horizont stehen die Karwendelgipfel schön aufgereiht, und alle tief verschneit. Im Vordergrund der Halserspitz.

SONNENAUFGANG ÜBER DEM SCHLIERSEE

Arthur hat Hunger, ich auch und Mona sowieso. Es ist gerade acht Uhr vorbei, ein milder Sommermorgen, Schliersee döst noch ein wenig vor sich hin, kaum Verkehr auf der Hauptstraße, der Postler allerdings ist schon unterwegs. »Da«, sagt Hildegard, »eine Bäckerei, ein Café!«

FRÜHSTÜCK AM SCHLIERSEE

Ich blinke, biege ein auf den Parkplatz, wir steigen aus. Vor dem Haus stehen drei Tische, Backstubengerüche steigen in unsere Nasen. Ein paar Minuten später sitzen wir zu viert in der Sonne, Hildegard befreit sich aus ihrer Jacke. Arthur genießt seinen Cappuccino mit Zwetschgendatschi, ich beiße in meine frische Wurstsemmel.

»Tut gut«, erkläre ich völlig überflüssigerweise. Schließlich sind wir seit gut fünf Stunden auf und haben schon eine Bergtour hinter uns. Tagwacht war um 2.45 Uhr. Fast hätte ich verpennt, mit einer kleinen Verspätung sind wir dann doch noch losgekommen. Eine Stunde Fahrt zum Schliersee, wo gerade eine Party aus war, Eltern ihre Sprösslinge abholten, Taxis unterwegs waren. An der Straße zum Spitzingsattel waren wir dann wieder allein, der Parkplatz oben war noch leer – das würde sich im Lauf des Sonntags garantiert ändern.

VOR DEM MORGENGRAUEN

Es ist 1. August, fällt mir ein, da werden in der Schweiz, meiner alten Heimat, Fahnen geschwungen, Reden gehalten; man fühlt sich für einen Tag wie ein »einig Volk fürs Vaterland«. Wir vier sind ein winziges Völkchen und scheinbar ganz allein auf der Welt, als wir den Weg zur Oberen Firstalm unter die Füße nehmen. Der Sand knirscht, vernehmlich, aber das mag daran liegen, dass es sonst mucksmäuschenstill ist. Ein paar Jäger dürften unterwegs sein im Wald, aber sie werden sich hüten, Lärm zu machen, genauso wie ihre potenziellen Opfer.

Wir palavern ein wenig, stören die paradiesische Ruhe. Links und rechts der Sandpiste, auf der die Lichter unserer Stirnlampen tanzen, stehen hohe, kerzengerade Fichten. Über uns demonstrieren tausend Sterne, wie klein die Erde und wie groß das Universum ist. Mona, die seit Langem das erste Mal wieder so früh am Berg unterwegs

Erste Sonnenstrahlen am Brecherspitz. Direkt über dem Breitenstein erscheint die Sonne. Gerade mal acht Minuten war das Licht unterwegs bis zur Erde – faszinierend.

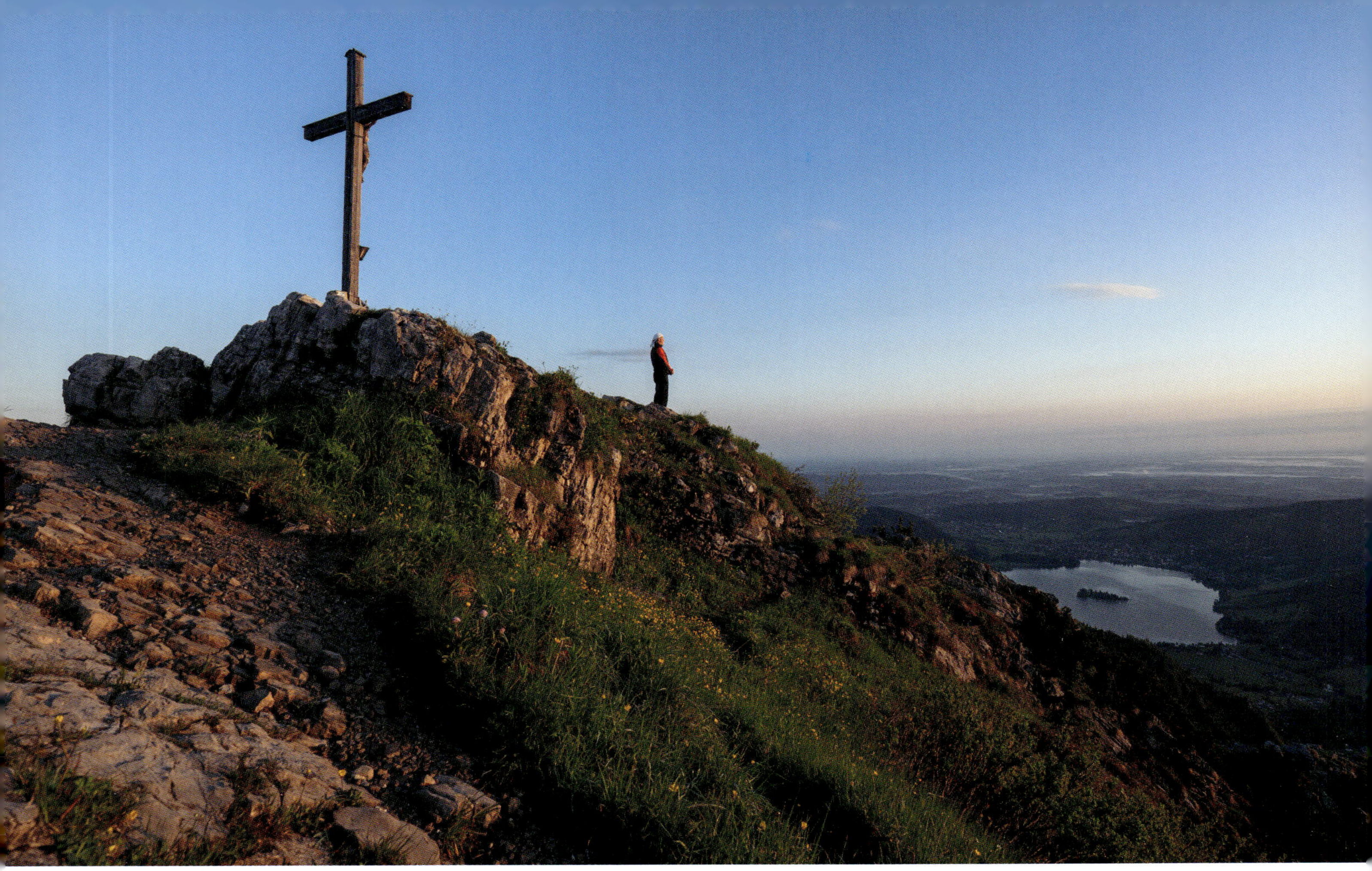

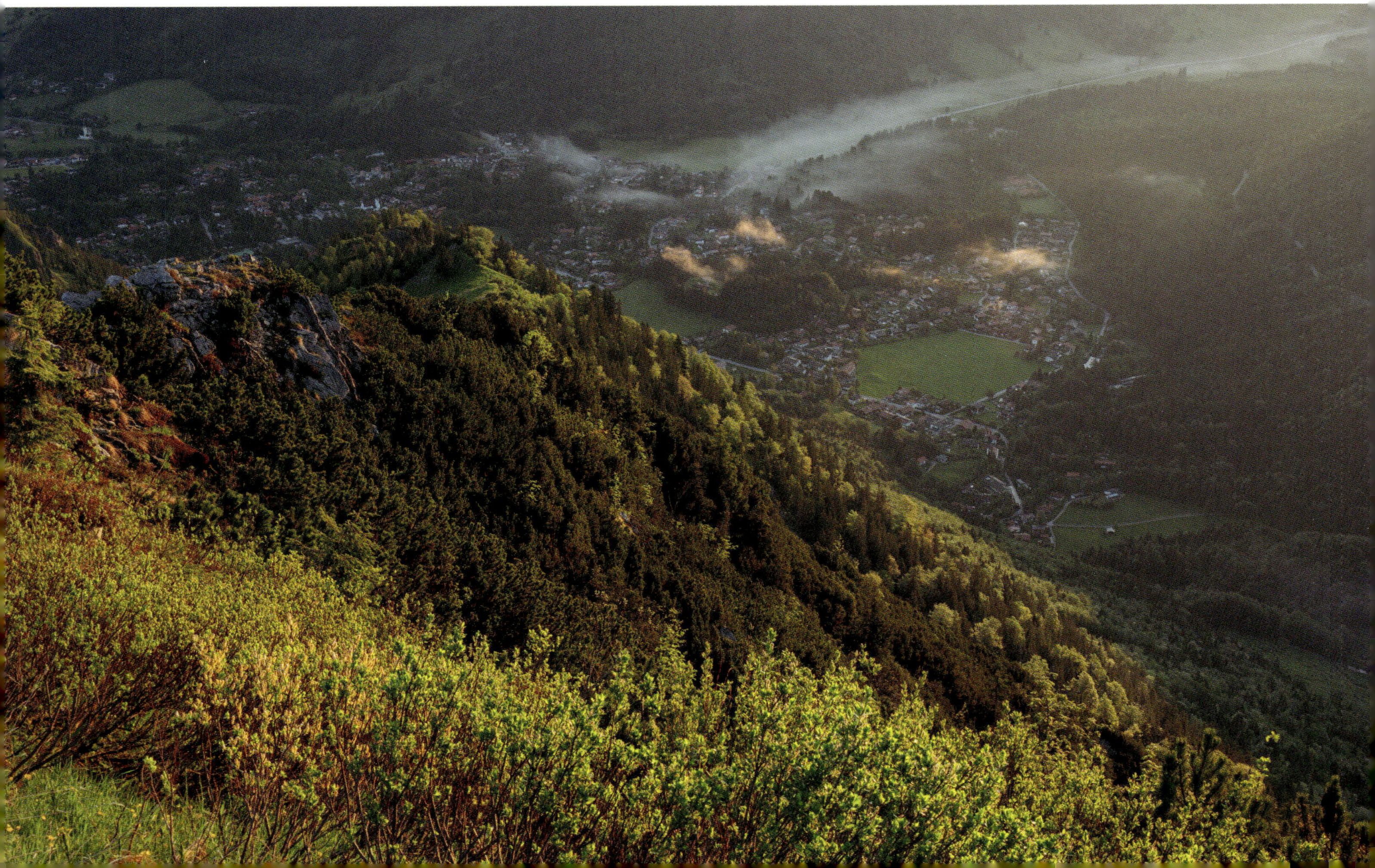

Vom Brecherspitz genießt man einen stimmungsvollen Tiefblick auf den Schliersee mit dem Inselchen Wörth (oben). Morgenstimmung am Brecherspitz: verschattet das Tal, Sonne am Gipfel (unten).

Blickfang im Panorama der Bodenschneid ist der Schinder. Unter der Nebeldecke die tiefen Gräben der Brandenberger Ache und ihrer Zuflüsse. ▽▽

ist, meint, dass es ihr gefällt hier, lacht dann und hängt sich beim Arthur ein. Hildegard hat eine Weinbergschnecke entdeckt, die zu dieser Nachtzeit garantiert nicht mit so einem Verkehr rechnet, hebt sie auf und setzt sie ins Gras.

DER TAG BEGINNT

Über uns zwitschert es kurz – da ist jemand aufgewacht. Am Osthimmel weicht die Schwärze einem dunklen Grau, dafür verlöschen die kleinen Lichter allmählich. So beginnt ein Tag, wenn man rechtzeitig aus den Federn kommt. Ein Bergtag. Wir lassen die Obere Firstalm links liegen und steigen über den Grashang hinauf gegen den Westgrat des Brecherspitz. In unserem Rücken steht die Bodenschneid, eine dunkle Silhouette, ganz weit im Norden strahlt der Himmel. Von unten, denn da liegt München, und eine Weltstadt kennt – ganz im Gegensatz zu unserem Berg – keine Nacht. Und auch keine Stille, keine Ruhe. Was für ein Organismus, denke ich, ein milliardenfach verästeltes System, das, wie unser Körper, nie ganz zum Stillstand kommt.

Die kleine Felspassage am Grat meistern wir bei noch recht schwachem Licht souverän, das Gipfelkreuz ist schon recht nahe und damit auch unser Frühmorgenziel. »Hallo!« Wir sind nicht allein, da hatten vier junge Leute offensichtlich die gleiche Idee: Sonnenaufgang am Brecherspitz, 1683 Meter über dem Meeresspiegel, 906 Meter über jenem des Schliersees. Der liegt wie ein bleierner Spiegel zu unseren Füßen, mit seinem Inselchen mittendrin. Zum Sonnenaufgang dauert es noch eine Weile. Um 5 Uhr 45 soll sie über München erscheinen; wir hocken uns hin, trinken einen Schluck und schauen zu, wie der Osten rot wird, bis schließlich der Feuerball über dem Schweinsberg auftaucht. Gerade noch hat's mich ein wenig gefröstelt, jetzt ist es aber nicht die kühle Luft, die mir eine leichte Gänsehaut verschafft, sondern das immer wieder grandiose Schauspiel des großen Theaters. Fasziniert schauen wir zu, wie Felswände bemalt werden, Schattendunkel sich hinab in die Täler verzieht, flache Silhouetten sich auflösen, Kontur und Gestalt bekommen.

 TOURENSTECKBRIEF

Charakteristik: Kurze Gipfeltour, bis zur Abzweigung kurz vor der Oberen Firstalm Sandstraße, dann Bergweg, zum Gipfel hin ein paar leichte Felsen
Start: Spitzingsattel
Verlauf: Spitzingsattel (1127 m) – Abzweigung Obere Firstalm (1369 m) – Brecherspitz (1683 m)
Gehzeit / Anstiegsleistung: 3 Std. / 600 Hm

Bodenschneid

JENNERWEINS BÖSES ENDE

Wanderungen in den Bayerischen Bergen sind oft auch Ausflüge in die Geschichte des Landes. Die markantesten »Duftmarken« haben dabei die Wittelsbacher gesetzt, allen voran Ludwig II. mit seinen Schlössern, die heute zu den touristischen Hotspots im Freistaat zählen.

EIN WILDERER

Ein Privileg des Adels war bis 1848 auch die Hochjagd, das gemeine Volk durfte lediglich dem Niederwild nachstellen, also Hasen, Fasanen oder Füchsen. Mit der Folge, dass die Wilderei mehr und mehr zunahm. Die Wildschützen konnten sich der Sympathie des Volkes sicher sein, das in ihnen keine Verbrecher, sondern Kämpfer gegen die Obrigkeit sah. Wie Georg Jennerwein, vulgo Girgl von Schliers. Er ging in den Bergen rund um den Schliersee auf die Jagd, was man im Tal überall wusste. Nur erwischen ließ er sich nicht. Bis zu jenem verhängnisvollen 6. November 1877, als er am Peißenberg (heute Rinnerspitz) von seinem einstigen Freund Johann Josef Pföderl gestellt und wohl erschossen wurde. Eine Kugel steckte in seinem Rücken, was zu immer weiter ausufernden Spekulationen führte. Aus dem Wilderer wurde ein Held, der Jagdgehilfe war zeitlebens als Mörder gebrandmarkt.

Jennerweins Ruhm wirkt bis heute nach. Sein Leben kam auf die Bühne, er wurde zur Romanfigur und sogar zentrale Figur in drei Spielfilmen. Unsterblich machte ihn aber vor allem das Jennerwein-Lied, das wohl bald nach seinem Tod entstand.

>»Er war ein Schütz in seinen besten Jahren,
>Er wurde weggeputzt von dieser Erd,
>Man fand ihn erst am neunten Tage
>Bei Tegernsee am Peißenberg.
>Auf den Bergen ist die Freiheit,
>Auf den Bergen ist es schön,
>Doch auf so eine schlechte Weise
>Musste Jennerwein zugrunde gehen!«

Wir sind unbewaffnet, führen nichts Böses im Schilde und unser Interesse gilt mehr zufällig jenem lang gestreckten Bergrücken, an dem Jennerwein sein Ende fand.

Wintermärchen an der Bodenschneid. Über dem Hinteren Sonnwendjoch erscheint – wie passend! – die Sonne.

GIPFELGEDANKEN

Ein kleines Marterl am Rinnerspitz (1611 m) markiert heute den Tatort, fast schon martialisch groß ist dagegen das Metallkreuz am Gipfel der Bodenschneid (1668 m). Wir machen es uns am grasigen Rücken bequem, ich hole das Fernglas aus dem Rucksack. Die Sicht ist heute glasklar, es hat gestern geregnet und ein leichter Föhn bläst den Dunst hinaus ins flache Land. Hildegard füttert ein paar Dohlen, ich suche den Horizont ab. Besonders interessieren mich alte Bekannte, die Berge meiner Heimat. Da könnte ich viele Geschichten erzählen, von zufälligen Begegnungen, überraschenden Ausblicken und unerwarteten Wetterkapriolen. Was das Bergsteigen ja so besonders macht, ist die Vielfalt im Einfachen, die mich teilhaben lässt an Geräuschen und Gerüchen, an dem Leben im Wald, auf den Almen und sogar ganz oben auf den felsigen Gipfeln. Jeder Schritt in dieser uralten und gleichzeitig ganz jungen Welt ist ein Erlebnis, immer wieder, immer neu.

EINE GEMÜTLICHE EINKEHR

Wege auf die Bodenschneid gibt es mehrere, alle recht steinig, aber markiert und vom Frühling bis in den Herbst gut zu begehen. Am Anstieg von Neuhaus herauf liegt das Bodenschneidhaus, eine gemütliche Einkehr. Eine Landkarte des Vermessungsamtes verzeichnete im 19. Jahrhundert eine Hütte auf der Rettenbäckalm. 1908 erwarb der Alpenklub München das Gebäude und baute es in Eigenregie zu einem Vereinshaus um. Nach dem Zweiten Weltkrieg stand die arg geschrumpfte Sektion des DAV (44 Mitglieder) vor dem Aus, fusionierte deshalb mit den Würmgauern und

Nicht zu übersehen: das mächtige Kreuz auf der Bodenschneid (links); Schatten und Licht (Mitte); Bodenalm und Tegernsee (rechts).

konnte so die Hütte halten. In der Folge wurde das Bodenschneidhaus wiederholt modernisiert, zuletzt 2011.

Wir reisen heute mit der BOB in die Berge, nehmen am Bahnhof Fischhausen-Neuhaus den Weg durchs Dürnbachtal über den Freudenreichsattel zur Bodenschneid, um anschließend zum AV-Haus abzusteigen. Da ist dann eine längere Rast fällig, Brotzeit und Gerstensaft inklusive, bevor wir durch das Tufttal hinab- und hinauswandern nach Schliersee. In Au kommen wir am »Hennerer« vorbei. Da kehrte der Jennerwein gerne ein. Die fesche Rosl, die hier bediente, soll ihm schöne Augen gemacht haben, heißt es …

 TOURENSTECKBRIEF

Charakteristik: Wenig schwierige Gipfeltour, teilweise Straßen, an der Bodenschneid teilweise raue Wege
Start: Bahnhof Fischhausen-Neuhaus
Ziel: Bahnhof Schliersee
Verlauf: Bahnhof Fischhausen-Neuhaus (801 m) – Dürnbachtal – Freudenreichsattel (1371 m) – Untere Firstalm (1318 m) – Suttenstein (1398 m) – Bodenschneid (1668 m) – Bodenschneidhaus (1353 m) – Tufttal – Bahnhof Schliersee (784 m)
Gehzeit / Anstiegsleistung: 5½ Std. / 920 Hm

Schinder

NOMEN EST OMEN?

Der Berg hat seinen Ruf weg, und das liegt natürlich am Namen. Schinder, lehrt uns der Duden, steht für einen Peiniger, für einen Quälgeist. Das hört sich ja vielversprechend an, denkt der Gipfelaspirant und schaut möglicherweise mit einem leicht flauen Gefühl in der Magengegend hinauf zu dem großen nordseitigen Kar. Da hinauf? Das Wegschild bestätigt: Wir sind richtig. Alle Zweifel bezüglich der Beschaffenheit des Anstiegs mag es allerdings nicht zu beseitigen. Und dann ist da noch das Felsloch, durch das man klettern muss, als finale Herausforderung, bevor am Tor die Schinderei doch noch (fast) ein Ende hat. Weißwurst-Zutzler nehmen an der Scharte den rechten Pfad, der zum Gipfel des Bayerischen Schinders leitet, Liebhaber des Grünen Veltliners wenden sich eher nach links. Nach einer Querung geht's durch eine steile Rinne zwischen Latschen hinauf zum Gipfelgrat und weiter zum Kreuz am Österreichischen Schinder (1808 m). Dass sich die meisten für die linke Variante entscheiden, hat nichts mit kulinarischen Vorlieben zu tun; es liegt ganz einfach daran, dass der Tiroler Gipfel der höhere von beiden ist, und vor allem: dass an ihm der Abstieg zur Valepp beginnt.

KEIN SCHINDER?

Eine schöne Tour, fraglos, diese Überschreitung des Schinders. Uns hat sie jedenfalls gefallen, auch wenn wir beim ersten Mal etwas skeptisch waren. Doch der Geröllhang erwies sich dann als gut festgetreten, nach oben hin mehr sandig als steinig. Eine ordentliche Kondition und ein gutes Gleichgewichtsgefühl braucht es allerdings schon, eine echte Schinderei ist der Aufstieg aber nicht, ehrlich.

Oben teilen wir uns einen Apfel aus unserem Garten und genießen die Aussicht. Kaum eine Wolke trübt den Blick in die Ferne, wo im Südosten die weißen Häupter der Hohen Tauern, angeführt von Großglockner und Großvenediger, Parade stehen. In der näheren Umgebung: viel Fichtengrün.

HOLZTRANSPORT

Waldwirtschaft. Sie spielte hier seit jeher eine wichtige Rolle, die Salinen in Hall verfeuerten Unmengen an Holz, der Bedarf war riesig. Für den Transport des Rohstoffs bediente man sich der Flüsse und Bäche. So gelangte das Holz aus den Brandenberger Alpen auf dem Wasserweg ins Inntal. Für den notwendigen Schub sorgten soge-

Der Schinder, ein Wanderberg? Ja, doch wer den Aufstieg durchs nordseitige Kar wählt, sollte sich auch in felsigem Gelände zurechtfinden. Weniger anspruchsvoll ist der Weg von der Valepp über die Trausnitzalm.

nannte Klausen, hinter denen das Wasser aufgestaut und dann zusammen mit dem Holz auf die Reise flussabwärts geschickt wurde. Die Erzherzog-Johann-Klause, 1833 erbaut, war bis 1966 in Betrieb. Sie ist ein beliebtes Ziel für Radler und Wanderer dies- und jenseits jener Grenze, die auch über den Schinder verläuft.

Vom Gipfel aus ist das Bauwerk mit der holzgedeckten Brücke nicht zu sehen. Dafür kommt beim Abstieg der tiefe Graben der Grundache ins Blickfeld. An seinen licht bewaldeten Steilhängen blüht ab Ende Mai der Frauenschuh, die schönste Orchidee der Alpen, und das gleich massenhaft. Grund genug, im Frühling die Klause anzusteuern. Ärgerlich nur, dass man hinterher nicht mehr wie früher im Forsthaus Valepp einkehren kann. Das steht seit ein paar Jahren als Halbruine leer, angeblich weil sich kein passender Pächter finden lässt. Mag das glauben, wer will …

EIN TRAUM
Der Abstieg hält dann noch eine kleine Überraschung für uns bereit: die Trausnitzalm. Ein sagenhaft schöner Platz, eine echte Idylle (keine falsche aus der Tourismuswerbung). Und im Sommer, wenn die Kühe das saftige Gras mit Kräutern und bunten Blumen abernten, gibt's da sogar Milch und Käse. Mitte Oktober ist das Vieh längst weg,

Wir da oben. Wie Inseln im Meer ragen die Gipfel des Mangfallgebirges über die herbstliche Nebeldecke hinaus. Drunten in den Tälern sieht man keine fünfzig Meter weit, vom Gipfel des Schinders dagegen bis zum Alpenhauptkamm.

Nebelbrandung an den dunklen Felsen des Schinders. In der Bildmitte das Hintere Sonnwendjoch.

die Hütte verwaist. Wir genießen den Blick über den Graben der Grundache zum Hinteren Sonnwendjoch, die Farbenpracht des Waldes rundum und das Blau des Himmels, der wie frisch gebügelt wirkt: unwirklich.

Wo sind die Traumlandschaften eigentlich, da draußen vor meinem Auge, oder drinnen in meinem Kopf?

TOURENSTECKBRIEF

Charakteristik: Recht alpine Unternehmung, Kondition und ein sicherer Tritt unerlässlich; kurze gesicherte Passagen
Start: Wanderparkplatz Valepp
Verlauf: Valepp (878 m) – Schinderkar – Tor (1674 m) – Schinder (1808 m) – Trausnitzalm (1425 m) – Valepp
Gehzeit / Anstiegsleistung: 5 Std. / 930 Hm

WO DIE MUSI SPIELT

Musik ist etwas Wunderbares. Sie verzaubert uns, lässt unsere Augen leuchten, unser Herz schneller schlagen. Musik ist Emotion pur, wie soll man sich ihr entziehen? Sie stimmt uns fröhlich, manchmal rührt sie uns zu Tränen oder lässt uns träumen von einer besseren Welt.

Aber Musik als Orientierungshilfe, ganz praktisch, in den Bergen? Das hört sich komisch an, stimmt aber, zumindest an jenem Sommertag vor Jahren in den Blaubergen. Die Wetterprognose war recht mau, eine Störung könnte Laune und Fernsicht verhageln, hieß es, etwas Sonnenschein sei aber nicht auszuschließen. Wir entschieden uns optimistisch für das »halbvolle Glas« und zogen los zur Kammwanderung an der Grenze zwischen Bayern und Tirol. Dass das mit der großen Fernsicht nichts werden würde, war schon bald klar, doch weder ein Verhauer beim Aufstieg zur Blaubergalm noch das vom Tegernsee heranschleichende Gewölk konnten uns bremsen.

DER NEBELKAMM

Also weiter. Hinauf zum Kamm, dann mit einem Fuß in Bayern, mit dem andern in Tirol am Grat der Blauen Berge entlang. Mir fällt ein Fernseh-Highlight aus meiner Jugend ein: »Am Fuß der blauen Berge«. Auf der Alm gleichen Namens sind keine Cowboys in Lederstiefeln und mit breitkrempigen Hüten zu entdecken, nur die ihnen anvertrauten Rindviecher. Die glotzen – und kauen dann wieder weiter, ganz ungerührt von den Nebelschwaden, die aus der Wolfsschlucht heraufziehen. Hinter der Blaubergschneid verschluckt uns das Grau buchstäblich, es wabert um unsere Köpfe. Meine Schritte werden langsamer, unsicher. Links geht's über Felsen steil hinab – gefährliches Gelände. Wir tappen weiter, fühlen uns fast wie an einem Novembertag in London. Eine Begegnung mit Jack the Ripper brauchen wir wenigstens nicht zu fürchten ...

BERGMUSIK

Eine gespenstische Stille umfängt uns, wir horchen ins Nichts, da ist niemand. Doch, ich höre etwas, wie durch Watte. Eine Blasmusik! Wir bleiben stehen, wie vom Donner gerührt, und tatsächlich: Da spielt eine Musi.

»Das muss auf der Gufferthütte sein«, bin ich mir sicher. Vielleicht hat ja noch jemand die Wetteraussichten falsch interpretiert ...

Kammwandern zwischen weiß-blau (Bayern) und weiß-rot (Tirol) auf den Blaubergen. Höchster Punkt des Grenzgrates ist der Halserspitz.

Wir folgen der Tonspur, steigen im trüben Grau wie im Blindflug ab und landen schließlich auf der Terrasse des AV-Hauses. Die Musiker sind noch da und bester Laune. Jetzt gibt's sogar noch ein Ständchen für Hildegard und der Hüttenwirt spendiert uns ein Bier, nachdem wir ihm die Geschichte von der akustischen Orientierungshilfe erzählt haben. Prost!

HERBSTWUNDER

Natürlich blieb es nicht bei diesem einen Besuch der Blauberge. Beim zweiten Mal haben wir dann wirklich Wetterglück – ein strahlend schöner Herbsttag soll es werden. Die zerklüfteten Nordabstürze liegen noch im Morgenschatten, als wir durch die Große Wolfsschlucht aufsteigen, über ein paar Felsen krabbeln, uns am Drahtseil festhalten. Die Blaubergalm ist bereits winterfest gemacht worden, das Vieh drunten im Tal. Von Tirol herüber grüßt der Guffert, rechts flankiert vom Unnutz. Wir machen Pause, der Großteil des Aufstiegs ist geschafft, die Sonne wärmt freundlich. Ein Apfel zu zweit und ein Schluck aus der Flasche, dann geht's weiter, immer am Saum des Himmels entlang.

Was für ein Kontrast zu unserem ersten Besuch der Blauberge! Uns freut es, und vom Halserspitz schauen wir hinunter zu dem Haus, das damals für uns zum Refugium wurde. Fern am südöstlichen Horizont grüßt der Großglockner, Austrias alpiner Stolz.

Der Abstieg zieht sich ordentlich, das wussten wir schon, auch, dass wir dann immer langsamer werden, weil Abstieg halt auch immer Abschied ist. Für einen Tag,

Ausblick vom Grat des Halserspitz auf das Tegernseer Tal (links); der Guffert, (über-)mächtiger Nachbar des Halserspitz (Mitte); Abstieg vom Blaubergkamm (rechts).

mindestens, wahrscheinlich für länger. Noch prunkt der Wald mit seiner Farbenpracht, auch wenn viele der bunten Blätter bereits gefallen sind. Werden und vergehen – der ewige Zyklus der Natur.

SING THIS SONG

Die Sonne ist längst hinter den Bergen abgetaucht, als wir drunten an der Weißach eintrudeln. Es ist still, eine sanfte Melancholie nimmt uns gefangen. Kein Moment, um viel zu reden. Der Rucksack kommt in den Kofferraum, die Kamera auch, die Erinnerungen sind gut verstaut in meinem Kopf, all die schönen Bilder. Wir fahren hinein in die Dämmerung. Leonard Cohen singt dazu: »Dance me to the end of love«. Zauber der Musik.

 TOURENSTECKBRIEF

Charakteristik: Recht lange Tour, Aufstieg aus der Wolfsschlucht teilweise gesichert, schrofiges Gelände in der Nordflanke des Halserspitz; Kondition und Trittsicherheit unerlässlich
Start: Parkplatz an der Achenpassstraße, bei der Abzweigung der Zufahrt nach Siebenhütten
Verlauf: Parkplatz (800 m) – Siebenhütten (836 m) – Wolfsschlucht – Blaubergalm (1540 m) – Blaubergkamm – Halserspitz (1862 m) – Weißenbachkopf (1352 m) – Siebenhütten – Parkplatz
Gehzeit / Anstiegsleistung: 7½ Std. / 1300 Hm

DER SÜDEN –
ISARWINKEL UND VORKARWENDEL

ZWEI LENGGRIESER HAUSBERGE

In Bayern gibt man sich gerne weltoffen und bodenständig, frei nach dem CSU-Motto »Laptop und Lederhose«. Auch in Lenggries hat man diesen Spagat zwischen gestern und morgen versucht und bewirbt sich selbst als ein »Internationales Flößerdorf«. Die beiden Begriffe passen ungefähr so gut zusammen wie Naturschutz und Massenskilauf. Letzterer floriert, rund ums Brauneck wird reichlich Kunstschnee produziert, seit Frau Holle nur noch in Teilzeit aktiv ist. Der alte Slogan von der »Heimat der Skistars« hat allerdings etwas Patina angesetzt. Bleibt noch ein Paradies, das der Wanderer. Die finden rund um das stattliche Dorf ein weites, abwechslungsreiches Betätigungsfeld, am Brauneck auch bequeme Aufstiegshilfen und zahlreiche Einkehren. Die Ostflanke des Isartals gibt sich eher urtümlich: weniger Forstpisten und nur ein bewirtschaftetes Haus in alpinen Höhen, die Lenggrieser Hütte. Wer zwischen Hirschbachtal und Schönberg per pedes (oder mit dem Mountainbike) unterwegs ist, kommt an dem gemütlichen, gut geführten Refugium nicht vorbei. Die Terrasse bietet einen erstklassigen Zugspitzblick, in der Küche setzt man den DAV-Slogan »So schmecken die Berge« souverän um. Von Mittwoch bis Montag; am Dienstag genießt die Crew ihren verdienten Ruhetag. Da muss man sich selbst bedienen, im Brunnen vor der Hütte stehen ein paar Getränkekästen im kühlen Bergwasser. Danke!

DIE GROSSE RUNDE UMS HIRSCHBACHTAL

Hüttenberg ist das Seekarkreuz, gerade mal eine Gehstunde weit weg. Wer nicht zu tief ins Bierglas geschaut hat, schafft den Aufstieg locker, zumal der früher nach Regenfällen unangenehm matschige Pfad zwischenzeitlich ordentlich saniert wurde. Das lässt sich vom Grasleitensteig nicht behaupten: mehr Wurzeln als Weg, dazu noch ein neuer grobschottriger Abschnitt auf einer von Bulldozern ins Gelände gebaggerten Forstpiste. Wanderparadies?

Wir lassen uns von so was natürlich nicht abschrecken. Die große Reib'n rund ums Hirschbachtal soll es sein, über insgesamt fünf Gipfel. Den Auftakt macht der Geierstein, letzter Hochpunkt ist dann das Seekarkreuz. Das Auf und Ab über gut zwanzig Kilometer summiert sich auf fast 1700 Höhenmeter – eine echte Herausforderung. Da heißt es schon frühmorgens: raus aus den Federn. Den ersten (und gleich längsten) Anstieg absolvieren wir noch im Waldschatten. Es ist angenehm kühl, für Mittag ist

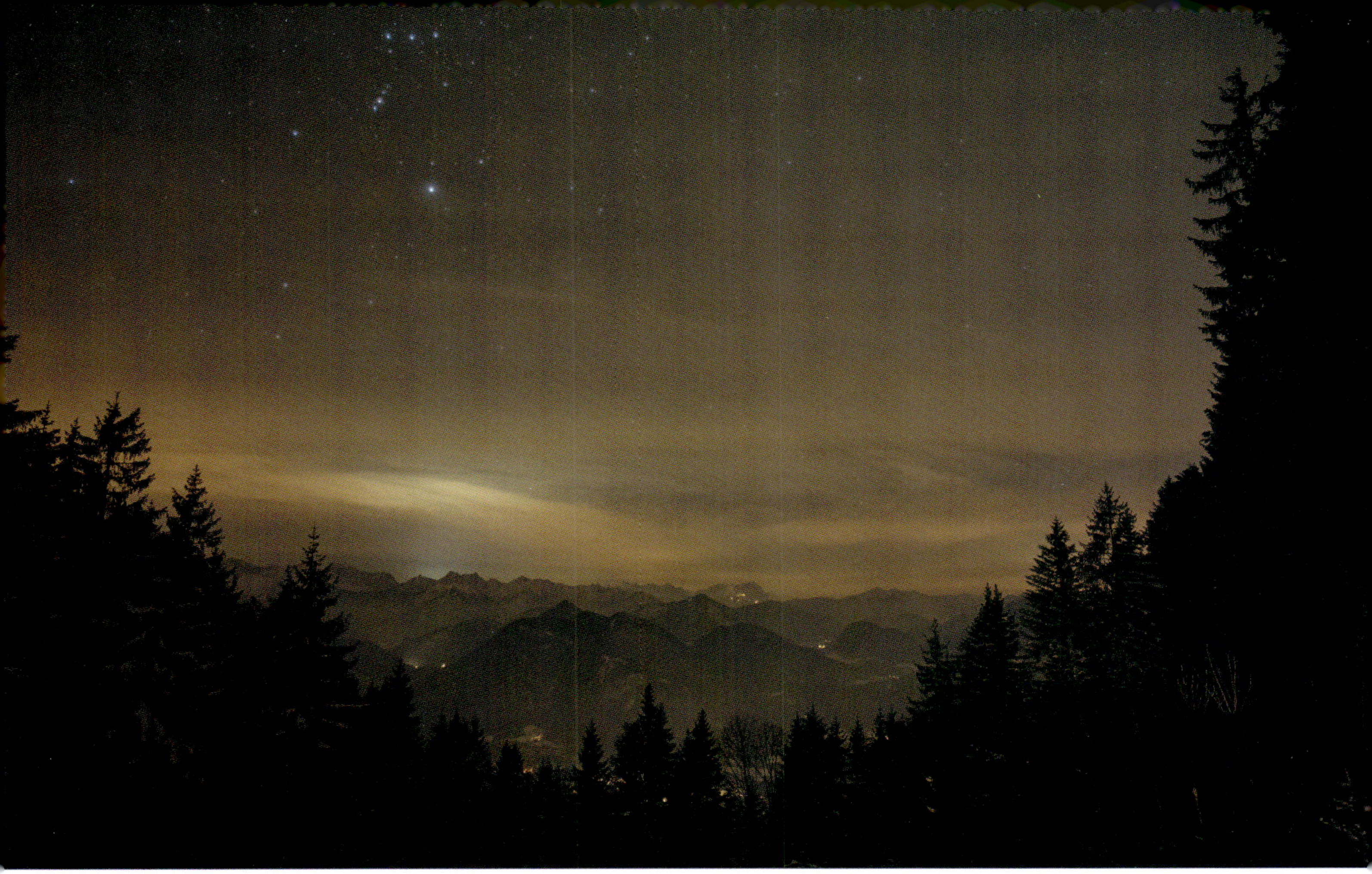
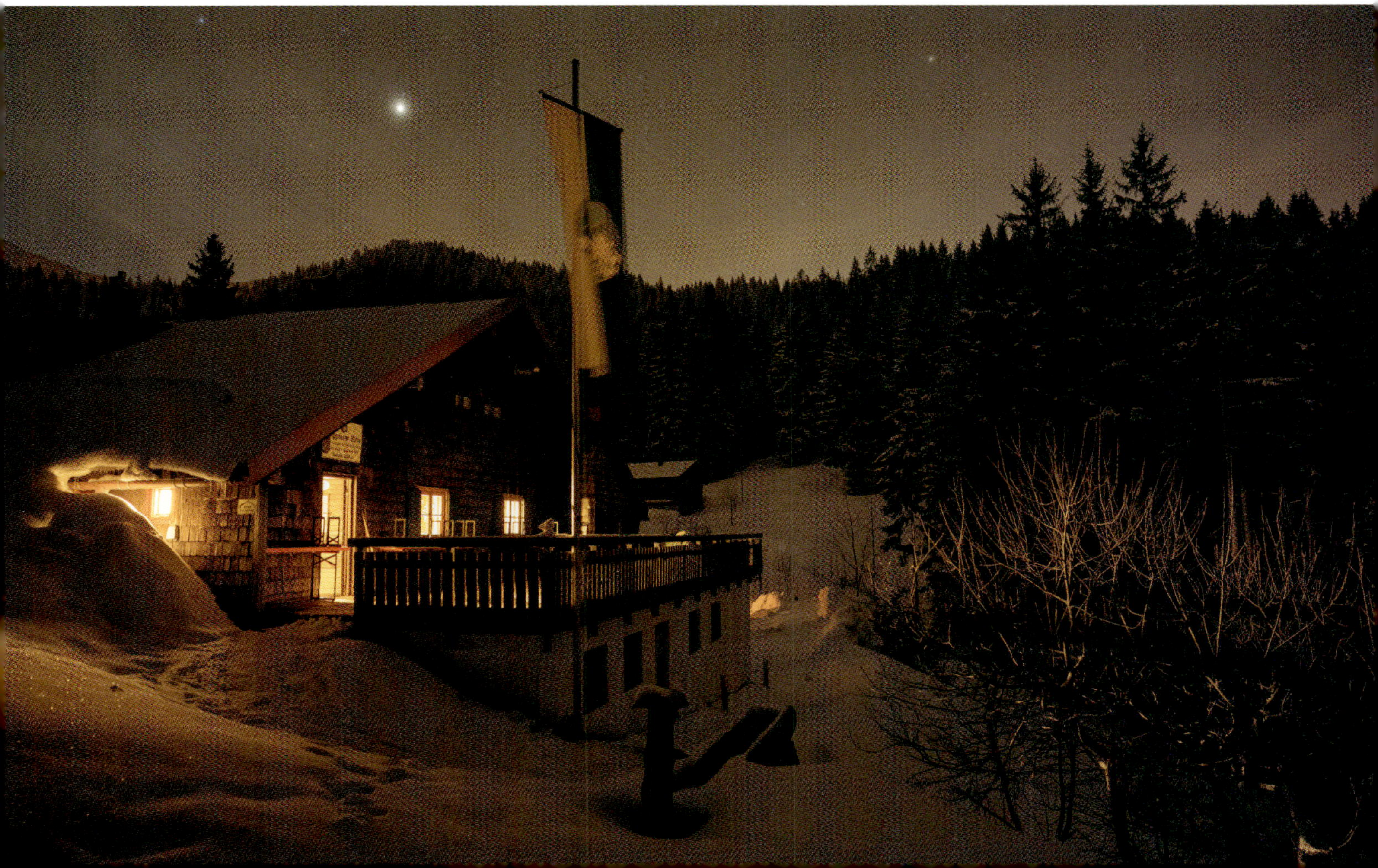

in Lenggries allerdings Badewetter angesagt. Doch dann sind wir längst »über alle Berge«. Der zweite Gipfel heißt Fockenstein, schmückt sich auch wirklich mit ein paar Felsen und bietet freie Sicht auf weite Teile des Mangfallgebirges. Eingebettet in seine grünen Ausläufer liegt der Tegernsee in einer vom Eis der Würmzeit ausgehobelten Geländemulde. Entwässert wird er von der Mangfall, die dem Gebirge zwar den Namen gegeben hat, es aber umgehend verlässt. Eigentlich müsste die Bergregion ja Weißachgebirge heißen, nach dem größten Zufluss des Tegernsees …

LITTLE DALLAS AM TEGERNSEE?
»Hast du gewusst«, frage ich Hildegard, die gerade ein paar Dohlen füttert, »dass am Tegernsee Öl gefördert wurde, bei Bad Wiessee?«

Kein Witz. Anfang des 19. Jahrhunderts entdeckte man am Westufer des Sees Ölquellen. Ein Dallas am Tegernsee, mitten in dieser Voralpenidylle? Schwer vorstellbar. Das Vorkommen erwies sich dann als wenig ergiebig, eine Pipeline zum Bahnhof Gmund wurde zwar gebaut, doch das »schwarze Gold« versiegte bald. Dafür stieß man in 700 Metern Tiefe auf Jod-Schwefelwasser, und so setzen die Wiesseer seither auf Wasser statt auf Öl. Mit Gewinn.

ÜBER ALLE BERGE
Ich genehmige mir noch einen Schluck meines isotonisch angereicherten Wassers, wartet drunten am Hirschtalsattel doch ein längerer Gegenanstieg, von dem ich weiß, dass er sausteil ist und an diesem Sommertag auch recht schweißtreibend. Am Och-

senkamp beginnt dann die lange, aussichtsreiche Kammwanderung zum Seekarkreuz. Das große Kreuz markiert das Ende aller Anstiege an diesem Tag. Von da an geht's bergab. Mit einem Zwischenhalt, einem wohlverdienten, auf der Terrasse der Lenggrieser Hütte. Hildegard isst ein Paar Würschtl, ich mache mich über einen Kaiserschmarrn her. Die Weiße hilft gegen den Durst. So nehmen wir den letzten Abschnitt unserer großen und großartigen Runde angemessen gestärkt in Angriff. Ärgern über den wenig komfortablen Weg tun wir uns nicht. Aber vielleicht kann man sich drunten im Rathaus von Lenggries doch mal Gedanken darüber machen, warum der Wintergast eine (Kunst-)Schneeautobahn geboten bekommt, der Wanderer aber nicht einmal einen ordentlichen Fußweg ...

 TOURENSTECKBRIEF

Charakteristik: Große Gipfelrunde, die einen sicheren Tritt und eine tadellose Kondition verlangt; bei Bedarf kann das Pensum auch halbiert werden (Abstieg vom Hirschtalsattel)
Start: Parkplatz beim Schloss Hohenburg südlich von Lenggries
Verlauf: Parkplatz Hohenburg (ca. 710 m) – Geierstein (1491 m) – Fockenstein (1564 m) – Hirschtalsattel (1227 m) – Ochsenkamp (1594 m) – Spitzkamp (1604 m) – Seekarkreuz (1601 m) – Lenggrieser Hütte (1338 m) – Parkplatz
Gehzeit / Anstiegsleistung: 9¼ Std. / 1670 Hm

Nicht zu übersehen: das Felsenfenster unter dem Gipfel des Fockensteins (oben). Der Tag erwacht. Blick vom Fockenstein zum Tegernsee; rechts im Bild der Wendelstein mit seiner riesigen Antenne (rechts).

Hochalm

EIN HOCH AUF DIE ALM!

Almwanderer sind in der Regel keine Gipfelstürmer, eine ordentliche Brotzeit ist ihnen wichtiger als ein großes Panorama. Und weil Almen in der Regel irgendwo unter- oder oberhalb der Waldgrenze liegen, aber keinesfalls in Gipfelhöhe, kommen sich Genussspechte und ambitionierte Berggänger in der Regel nicht ins Gehege: Jeder geht seines Weges. Nicht so an der Hochalm. Denn diese Alm ist ein Gipfel, ein eher unscheinbarer Mugel, gerade mal 1427 Meter hoch und freundlicherweise vor Zeiten als Almfläche gerodet worden. Das garantiert freie Sicht in alle Richtungen, und so etwas spricht sich rasch herum. An einem Herbstwochenende sind mir am Weg zu dieser Gipfelalm schon mal gezählte 266 (!) Fußgängerinnen und Fußgänger entgegengekommen. Heute sind's weit weniger, was vermutlich daran liegt, dass sich das Wetter, das eigenwillige, nicht an die computergestützten Vorhersagen der Meteorologen gehalten hat: Sonne statt Regen. Analog schlägt digital.

So hocken wir bei angenehmen Temperaturen auf der Hochalm und schauen ins weite Rund, hinab zur Isar, auf viele Hausdächer, ein paar Kirchtürme, auf viel Grün im weiten Talboden und natürlich hinein in die Alpen: hundert Gipfel und der höchste ist ziemlich genau hundert Kilometer weit weg, eine elegante Pyramide, die rechts vom Guffert ins Bild schaut – der Großglockner.

BAYERNS ALMEN

Genau genommen existiert die Hochalm über dem Gerstenrieder Graben ja überhaupt nicht mehr, trotz des Viehs hier oben. In den amtlichen Kartenwerken findet sich neben dem Namen ein leicht zu interpretierender Vermerk: verf. Damit teilt sie das Schicksal vieler Almen in unseren Bergen, an die mitunter nur noch ein allmählich zuwachsender Wiesenfleck, verrottendes Holz und wuchernder Eisenhut erinnern. Immerhin, fast 1400 Almen zählt man aktuell in den Bayerischen Alpen, und jeden Frühsommer treten rund 50 000 Rinder ihre Reise in die Sommerfrische an. Milchkühe sind allerdings fast keine dabei, und gekäst wird nur auf ganz wenigen Almen, etwa auf der Stiealm am Brauneck. Dafür haben mehr als neun von zehn Almen in den Bayerischen Alpen Straßenanschluss: Freie Fahrt für alle? Natürlich nicht, »Staderer« mit ihren SUVs bleiben ausgesperrt, nicht aber die E-Bikes. Das Radl reist dann eben auf dem Autodach in die Bergtäler, wo man von vier auf zwei Räder, vom Benziner auf den Elektromotor umsteigt …

Mein Golf steht am Achenpass; neben guter Laune und Freude am Wandern haben wir keine weitere Aufstiegshilfe dabei. Unser Weg zur Hochalm war bis vor ein paar Jahren fast noch ein Geheimtipp, wenig begangen. Mittlerweile helfen gelbe Wegweiser auch Ortsunkundigen zur Hölleialm und weiter zur schönen Aussicht. Wandern ist längst Volkssport, und die Bayerischen Voralpen sind eine ideale Spielwiese für diese Art der Fitnessbewegung. Drangvolle Enge herrscht noch keine auf den meisten Pfaden, aber an manchen Sonnentagen wird es da und dort doch recht voll (siehe oben).

WAS TUN?

Alpenguru Reinhold Messner wollte schon mal die alpine Infrastruktur zurückbauen, was Frei- und Entwicklungsräume für die Natur geschaffen hätte. Mit der unerwünschten Konsequenz: noch mehr »Verkehr« auf den verbleibenden Wegen. Da sind die Alpenvereine natürlich strikt dagegen, doch deren Glaubwürdigkeit zerbröselt an dem Widerspruch, dass sie einerseits wie inoffizielle Propagandaministerien des Bergtourismus auftreten, gleichzeitig vor uferlosem Wachstum warnen. Wer die Entwicklung der letzten Jahrzehnte beobachtet, muss feststellen, dass es sich mit der »heilen Bergwelt« so verhält wie mit der Wurst: Sie verschwindet scheibchenweise. Nur: Eine zweite gibt es nicht.

Der Vorwurf, die Alpen würden mehr und mehr zum Freizeitpark umgestaltet, ist so alt wie der Tourismus selbst. Doch die Frage nach den Grenzen des Wachstums (Club of Rome, 1972) ist aktueller denn je, und sie ist eine Grundsatzfrage an eine Wirtschaftswelt, die ohne Wachstum wohl kollabieren und unseren Wohlstand hinwegfegen würde. Keine Wanderwoche mehr in den Bayerischen Alpen, schon gar kein Städtetrip nach Barcelona oder Sonne pur auf den Malediven?

Mehr Fragen als Antworten, drunten in der Alltagswelt und droben am Berg.

Kleine Sehenswürdigkeiten am Weg zum Gipfel: Sumpfdotterblumen. Sie mögen es – nomen est omen – gerne feucht (oben). Landschaftsprägender Hochwasserschutz im Isarwinkel: der Sylvensteinspeicher, in den 1950er-Jahren angelegt. Links der Bildmitte die Hochalm (unten).

 TOURENSTECKBRIEF

Charakteristik: Wenig anstrengende Wanderrunde, teilweise etwas raue, steinige Wege; vom Gipfel hübsche Aussicht
Start: Achenpass
Verlauf: Achenpass (941 m) – Stubenbachtal – Hölleialm (1154 m) – Kamm (ca. 1285 m) – Hochalm (1427 m) – Kamm – Großweißachtal – Achenpass
Gehzeit / Anstiegsleistung: 3½ Std. / 500 Hm

Zwiesel

EIN BERG FÜR ALLE

Z wie Zwiesel steht im Alphabet ganz hinten, in der Gunst der Münchner dafür weit vorn. Man könnte den Berg durchaus als Freizeit-Außenstelle der Landeshauptstadt bezeichnen, ohne dabei groß zu übertreiben. Der bewaldete Mugel am Alpenrand bietet so ziemlich alles, was ein »Staderer« sich für seinen Wochenendausflug ins Gebirge wünscht, neben schönem Wetter natürlich. Ein Lift bringt Gehfaule bequem in Gipfelnähe, und für den »Abstieg« gibt's eine Sommerrodelbahn, was vor allem den Nachwuchs freut. Weil es dem aus weichem Flysch bestehenden Hügel naturgemäß an schroffen Felsen fehlt, hat man beim Blomberghaus kurzerhand einen Hochseilgarten in die Bäume gepflanzt: ein Hauch von Kletterfeeling. Nach dem mehr oder weniger luftigen Balanceakt erholt man sich dann angemessen bei Bier und Brotzeit im nahen Gasthaus. Fünfzig Schritte nur, wenn auch auf vielleicht etwas wackeligen Füßen ...

ZU FUSS ODER AUF RÄDERN

Radler strampeln sich gerne an der Blombergstraße ab, um Muckis und Kreislauf zu trainieren, und auch bei Joggern ist die Sechs-Kilometer-Bergstrecke beliebt. Eher ein regionales Phänomen sind die Bockerlfahrer, die in Bad Tölz ihren Club haben und jeweils im Frühling am Blomberg ein Rennen auf ihren »Sitzrollern« austragen.

Nur eins gibt es am Zwiesel nicht: einen ordentlichen Gipfelweg. Der stark frequentierte Anstieg vom Blomberghaus gleicht teilweise einem ausgewaschenen Bachbett, der Pfad vom Steinbach herauf zur Schnaiteralm ist für asphaltgewöhnte Metropolenbewohnerfüße eher ungeeignet und der südseitige Weg über die Gassenhoferalm wartet mit einer finalen Direttissima an einem sausteilen, bei Nässe entsprechend rutschigen Grashang auf. Schon erstaunlich, wie viel Geld an dem armen Zwiesel ins Wanderwegenetz investiert wird ...

Dafür darf der Natur- und Kunstfreund an dem Alpenrandberg zeitgenössische Kunst bestaunen, auf einem Gelände gleich unterhalb des Blomberghauses, und das bei freiem Eintritt. Auf der anderen, der Bichler Seite des Zwiesels, gibt's noch mehr Kunst. Da fließt – wie auf der Ostseite – ebenfalls ein Steinbach hinaus ins Flache, begleitet von einer Sandpiste. Drunten im Ort lebt offensichtlich ein begabter Turmbauer, und so begrüßen uns am Weg taleinwärts zahlreiche Steinmänner,

Morgenruhe am Gipfel des Zwiesels. Noch fährt der Blomberglift nicht, doch drunten im Blomberghaus gehen bereits die ersten Lichter an.

sehr akkurat aufgeschichtet – und bemalt! Das gefällt offensichtlich nicht allen, und so ist ein (bayerischer?) Kulturkampf im Gange: Verschandelung der Natur contra Kunstfreiheit.

DURCHS STEINBACHTAL ZUM GIPFEL

Den Weg von Bichl hinauf zum Zwiesel mag ich besonders gerne, auch deshalb, weil (fast) alle den Berg von der Tölzer bzw. Wackersberger Seite aus angehen. Hinter der Bichler Hütte wird aus der Straße eine grobe, holperige Fahrspur, die sich schließlich zu einem Pfad wandelt, der extrem steil eine Geländestufe hinauf zur Lehenbauernalm überwindet. Hier stößt man wieder auf eine breite Schotterpiste, die über ein paar Schleifen gegen den Zwiesel ansteigt. Dann das Finale: hundert Höhenmeter auf einer dürftigen Spur zum Gipfelkreuz. Wer's gemütlicher mag, quert rechts zur Schnaiteralm und steuert von da den Gipfel an.

Im Sommer kann's an dem kleinen Berg ordentlich heiß werden. Doch das stört in diesem Fall nicht, denn direkt am Ausgangs- bzw. Endpunkt befindet sich das Bichler Naturbad. Das verdient seinen Namen wirklich, liefert der Steinbach doch sauberes, mineralreiches Wasser. Ein kleiner Kanal, der etwa 500 Meter taleinwärts

Acht Kilometer Distanz und 452 Meter Höhe trennen den Zwiesel vom berühmtesten Gipfel des Isarwinkels, der Benediktenwand.

Wenn's Vieh die Sommer-
frische genießt, gibt's
auf der Speckeralm eine
Brotzeit. Prost!

vom natürlichen Gewässer abzweigt und Dorfbach heißt, versorgt das hübsche
Nostalgiebad. Erbaut wurde er, um das große Wasserrad der Ludlmühle anzutrei-
ben. Da wird heute nichts mehr gemahlen, dafür gibt es jeweils am Wochenende
im kleinen Garten des Bauernhofs Brotzeiten und Durstlöschendes, mit und ohne
Schaum obendrauf.

TOURENSTECKBRIEF

Charakteristik: Gipfelwanderung am Alpenrand mit zwei sehr steilen
Abschnitten, längere Wegstrecken auf Forststraßen
Start: Parkplatz beim Naturbad Bichl
Verlauf: Parkplatz (660 m) – Steinbachtal – Bichlerhütte (785 m) –
Lehenbauernalm (1005 m) – Zwiesel (1348 m) – Fahrtkopfsattel (1175 m) –
Bichlerhütte – Parkplatz
Gehzeit / Anstiegsleistung: 4¾ Std. / 690 Hm

IM SCHATTEN DER BENEDIKTENWAND

Ruhm für die einen, ein Schattendasein für die (vielen) anderen. Das passt nicht nur auf menschliche Gesellschaften, sondern auch auf Berge. Und manchmal darf man das sogar ganz wörtlich nehmen. Etwa beim Hennenkopf, der zusammen mit der Probstenwand einen felsigen Bergstock über dem innersten Längental bildet. Denn im Winter taucht die Sonne auf ihrem Weg übers Firmament im Südwesten hinter der Benediktenwand ab. Dann wird es düster um den Hennenkopf, während der große Nachbar im Spätnachmittagslicht badet.

NASSES GELÄUF UND BÖSE VIECHER

Wir sind im Frühsommer unterwegs, die Tage sind lang, die Sonne steht hoch. Also besteht kaum Gefahr, unterwegs in die Dunkelheit zu geraten. Und für ein wenig Schatten sind wir sogar dankbar, Mona vor allem, weil sie's so richtig sonnig-heiß nicht mag. Arthur hingegen stört das weniger. Den Hennenkopf kennt er noch nicht; dass der Weg zum Gipfel etwas schwierig zu finden ist, macht eher neugierig. Und schließlich hat er ja einen kompetenten Führer dabei … Schönwetter ist angesagt, von amtlicher Seite (Deutscher Wetterdienst), trotzdem ist mit etwas Nässe zu rechnen. Nicht von oben, sondern von unten. Denn die breite Grassenke hinter der idyllischen Längenbergalm erweist sich als ausgesprochen feuchtes Geläuf. So eiern wir am Waldrand entlang, wo der Untergrund weniger matschig erscheint und gewinnen schließlich wieder festen Boden unter den Füßen. Wenig weiter heißt es dann aufpassen, weil links unser Gipfelweg abgeht: schmal und unmarkiert. Er leitet im Wald sehr steil hinauf zum Ahornkopf – nichts für feuchte Tage. Dass hier recht unfreundliche kleine Tierchen mit einem ausgeprägten Selbstbehauptungswillen hausen, bekommen wir dann recht schmerzhaft zu spüren. Ich muss dem Erdwespenbau ungewollt etwas zu nah gekommen sein. Arthur und Hildegard, hinter mir gehend, kamen noch ungeschoren davon, dafür stürzten sich die Insekten auf Mona, verpassten ihr ein paar recht lange nachwirkende, ziemlich schmerzhafte Andenken.

Die Insekten konnten uns nicht aufhalten, auch die ziemlich anhängliche Steigung hinauf zum Verbindungsgrat zwischen Probstenwand und Hennenkopf nicht.

Und natürlich mussten die beiden großen Buben auch noch über den finalen Felsauf-schwung zum Gipfelkreuz hinaufkraxeln. Mona und Hildegard sind solche Ambitionen eher fremd. Sie genießen den fast schon luxuriösen Wiesenplatz am Felsfuß und den Blick hinüber zur Benediktenwand. Hildegard hat das Fernglas dabei und zählt gerade die Besucher rund ums Gipfelkreuz, Mona beißt in einen Apfel.

INDIVIDUELL ODER »EN MASSE«?

Oben am Gipfel der Benediktenwand sind garantiert hundert Gipfelstürmer ver-sammelt, der Hennenkopf bringt's auf vier – und 75 Kilometer weiter nördlich, vor den Toren Münchens, warten mehr als 60 000 Zuschauer auf den Anpfiff eines Fuß-ballspiels. Der Mensch: Individualist oder Herdentier? Vielleicht liegt die Wahrheit irgendwo dazwischen: Berge vertragen sich nicht besonders gut mit zu viel Besu-chern, im Stadion dem Fußball zuschauen dagegen ist ein ideales Gemeinschafts-erlebnis. Beides macht Spaß.

Wie unsere Expedition ins unbekannte Vorland der Benediktenwand. Der Abstieg bringt uns zunächst zur Tiefentalalm, die aber – wie Arthur bedauernd fest-stellt – weder Bier noch Kuchen anbietet. Eine knappe Wegstunde weiter, im Län-

Da braut sich etwas zusammen. Sonne und Wolken über dem Hennenkopf.

Nördlich unter dem Hennenkopf, der zusammen mit der Probstenwand einen Bergstock bildet, liegt die Tiefentalalm.

gental, können wir dann alle unseren Durst löschen, sogar mit einem Rückblick zur Probstenwand. Die ist Felswand, aber gleichzeitig Gipfel, und dahinter versteckt sich unser Hennenkopf. Ein schönes Ziel, fern aller Trampelpfade. Übrigens: Auf der Heimfahrt fragt mich Arthur, ob wir in zwei Wochen zum Fußball wollen. Er hat zwei Karten. Klar, sage ich, machen wir.

 TOURENSTECKBRIEF

Charakteristik: Spannende Runde, zum Gipfel hin steile Wege, zuletzt kurze Kletterei (I–II)
Start: Wanderparkplatz im Tal des Arzbachs, Anfahrt von Arzbach
Verlauf: Parkplatz (780 m) – Dudlalm – Längenberg (1230 m) – Ahornkopf (1421 m) – Hennenkopf (1613 m) – Tiefentalalm (1252 m) – Längenberg – Hintere Längentalalm (1025 m) – Kirchsteinhütte (ca. 1000 m) – Parkplatz
Gehzeit / Anstiegsleistung: 5½ Std. / 930 Hm

DER GIPFEL DER FRÖMMIGKEIT

San Benedetto, Benedikt. An ihm, der vor anderthalb Jahrtausenden im italienischen Norcia geboren wurde, kommt man hier, am bayerischen Alpenrand, nicht vorbei. Das Kloster draußen in den Filzen ist nach ihm benannt, auch der Bergstock, der wie ein himmlischer Schutzschild über der Gegend thront, und sogar das Dorf, das allerdings erst seit 1865. Die Benediktenwand taucht erstmals um 1300 in einer Urkunde als montem sancti benedicti auf, das Kloster – das älteste Bayerns – wurde um 740 als Benediktinerabtei (Buron) gegründet. Bald entwickelte sich eine karolingische Schreibstube; einige der Handschriften werden in der Staatsbibliothek in München aufbewahrt. Frühe Bedeutung gewann das Kloster durch den Frankenkaiser Karl den Großen, der ihm eine Reliquie des heiligen Benedikt vermachte. So wandelte sich die Gründung Buron zunächst zu Benediktoburanum und schließlich in Benediktbeuern. Im Klosterarchiv wurden die Carmina Burana entdeckt, eine Sammlung von Lied- und Dramentexten aus dem 13. Jahrhundert, die Carl Orff 1937 zu einer szenischen Kantate vertonte (Aufführungen im Sommer).

Das Kloster erlebte ein wechselhaftes Schicksal mit Blütezeiten und Brandschatzungen. Während der Säkularisation 1803 wurde es aufgelöst und vieler Kunstschätze beraubt. Die Klosterbauten dienten als Stallungen, Kaserne und Krankenhaus. Erst als die Salesianer Don Boscos 1930 einzogen, begann eine Renaissance. Heute präsentiert sich Benediktbeuern als moderne Bildungsstätte. Im Maierhof ist das Zentrum für Umwelt und Natur untergebracht; es veranstaltet Seminare und bietet auch Exkursionen in die Umgebung an.

BAROCK UND ROKOKO

Das Hauptinteresse der vielen Besucher gilt natürlich der Basilika, die in der zweiten Hälfte des 17. Jahrhunderts auf den Grundmauern eines gotischen Vorgängerbaus errichtet wurde. Architekt war der Schweizer Enrico Zucalli, damals Münchner Hofbaumeister; die beiden Zwiebeltürme, die so markant in den weiß-blauen Himmel ragen, sind das Werk des Wessobrunners Caspar Feichtmayr. Die großen illusionistischen Deckengemälde stammen von Hans Georg Asam. Gut ein halbes Jahrhundert später wurde die Anastasiakapelle, ein Zentralraum nach Plänen von Johann Michael Fischer, angebaut: Was für ein Kontrast! Rauschendes Rokoko statt schwerem Barock, gestal-

Die Gipfelwege zur Benediktenwand sind durchwegs recht lang, teilweise auch steinig – eine ordentliche Kondition ist da von Vorteil (oben).
An der Benediktenwand ist seit über einem halben Jahrhundert der Steinbock heimisch. Mit etwas Glück kann man auf einer Bergtour den klettergewandten Hornträgern begegnen (unten).

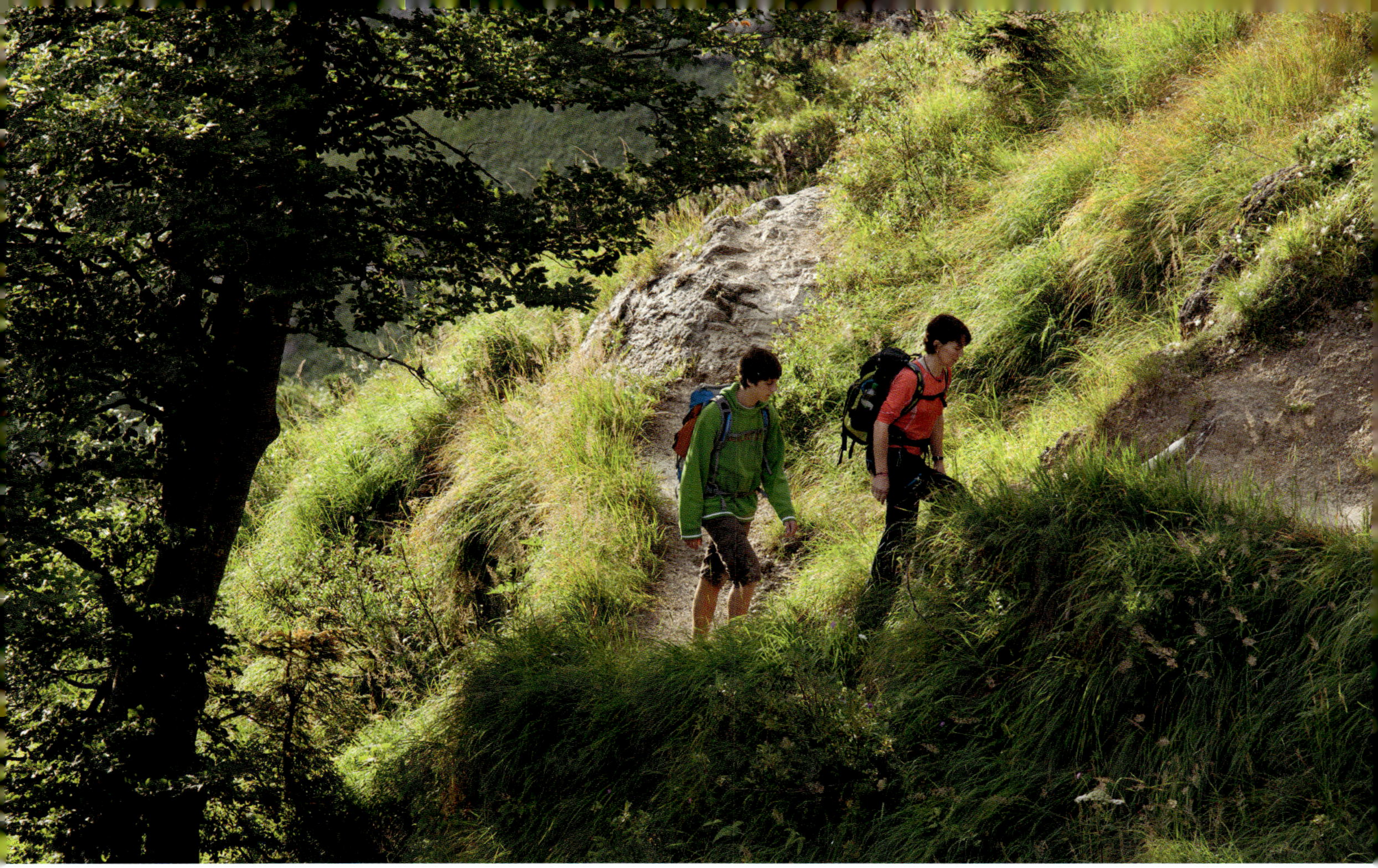

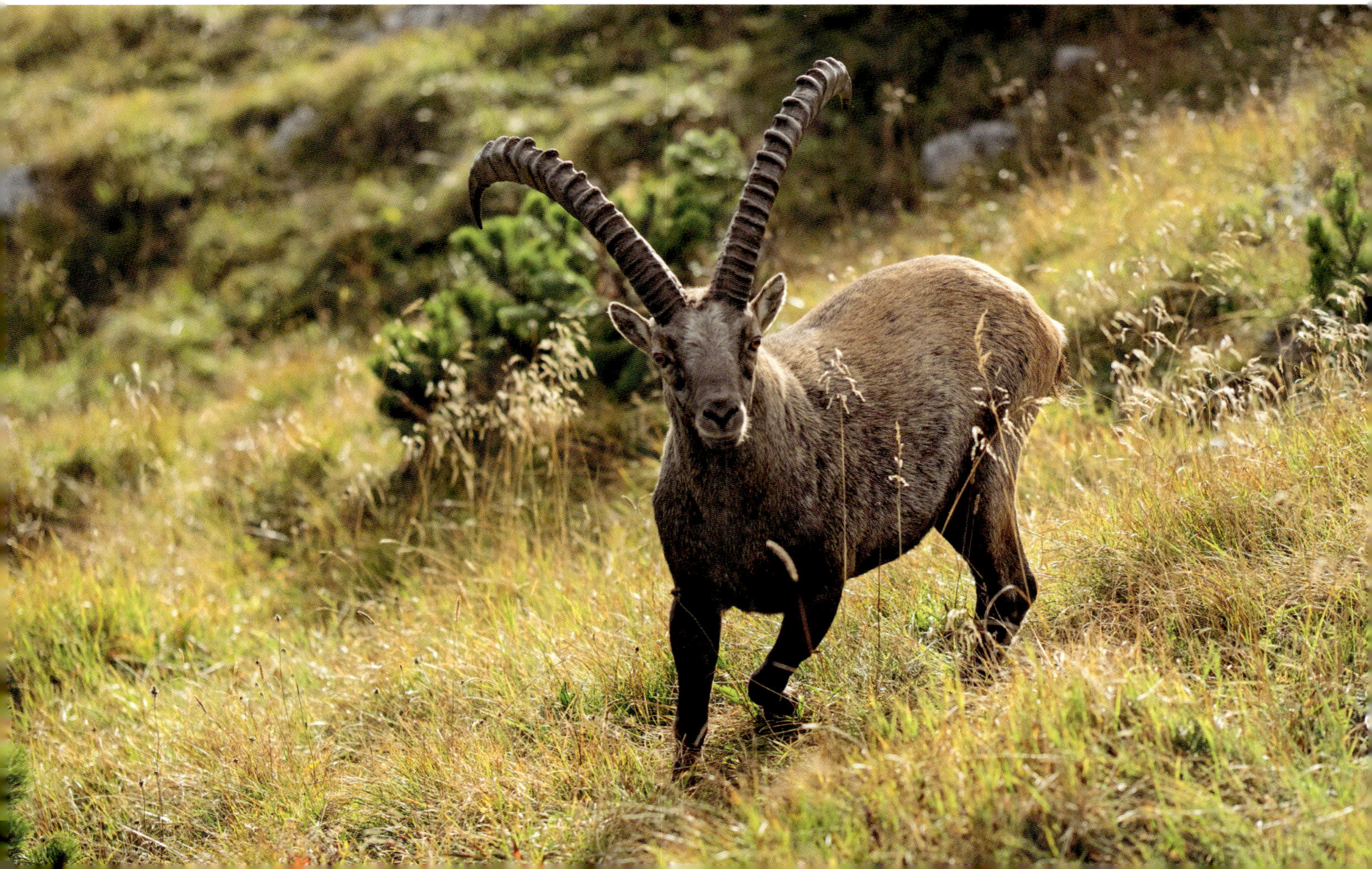

tet von Künstlern, denen man auch andernorts in Bayern begegnet: Johann Michael Feichtmayr (Stuck und Hochaltar), Johann Jakob Zeiller (Deckenfresken) und Ignaz Günther (Skulpturen der Seitenaltäre).

Platz ist in der kleinsten Hütte. Der offene Unterstand am Gipfel der Benediktenwand.

ÜBER DEN BERG

Wir orientieren uns auch himmelwärts. Wir wollen auf den höchsten Berg hier: die Benediktenwand. Eine Überschreitung vom Brauneck nach Jachenau soll es sein, immer am Kamm entlang über das Stangeneck, den Latschenkopf und die Achselköpfe bis zum Kulminationspunkt der lang gestreckten Bergkette. Mindestens drei Stunden ist man auf jeden Fall per pedes unterwegs, egal wo man startet, bis das Gipfelkreuz zwischen den Latschen auftaucht: geschafft! Und mit etwas Glück begegnet man unterwegs ein paar Exemplaren des Capra ibex. Der Steinbock ist an der Benediktenwand heimisch, seit 1959 ein männliches Tier einwanderte. Es bildete zusammen mit zwei Geißen und zwei weiteren Böcken (aus dem Tierpark Peter und Paul in St. Gallen) den Grundstock der Kolonie, die heute gegen hundert Tiere umfasst.

Wir haben Pech – diesmal kein Hornträger weit und breit. Ein letzter Blick aufs Dach der Tutzinger Hütte und hinaus zu den beiden Hörnern, pardon: Türmen der

Winter-Mondnacht.
Der Erdtrabant über
der Benediktenwand;
im Vordergrund als
Insel im Nebelmeer der
Jochberg.

Benediktbeurer Klosterkirche, dann tauchen wir ein in den Latschenwald. An der Glaswandscharte endet unsere Kammwanderung; mit dem Glasbach, der über eine lustige Natursteintreppe hinabhüpft, geht's talauswärts. Letztes Highlight der Tour: der Lainl-Wasserfall. Der Rest ist dann gemütlicher Auslauf, und dabei holen uns immer wieder schöne Bilder des Tages ein. Oben am Berg ist man dem Himmel halt doch ein Stück näher ...

TOURENSTECKBRIEF

Charakteristik: Lange Wanderung auf teilweise recht steinigen Wegen; an den Achselköpfen und oberhalb des Rotöhrsattels Sicherungen; einzige (bescheidene) Einkehr im Sommer ist die Lainlalm
Start: Bergstation der Brauneckbahn
Verlauf: Brauneckbahn (1510 m) – Stangeneck (1646 m) – Latschenkopf (1712 m) – Achselköpfe (1682 m) – Rotöhrsattel – Benediktenwand (1800 m) – Glaswandsattel (1324 m) – Lainlalm (907 m) – Jachenau (790 m)
Von der Jachenau zur Talstation der Brauneckbahn gibt es eine Busverbindung.
Gehzeit / Anstiegsleistung: 7 Std. / 600 Hm

Die Natur als Künstlerin:
eine Iris im milden Schein der
Abendsonne (oben).
Bayerische Voralpenidylle.
Blick vom Mühlmoos bei
Großweil zur Benediktenwand
(rechts).

WO SICH BAYERN AUF BAUERN REIMT

Das Tal ist etwa zwanzig Kilometer lang, breit und grün. Auf den saftigen Wiesen grast das Vieh, da und dort steht ein Bauernhof in der Bilderbuchkulisse, in den bewaldeten Bergflanken ist das Wild zu Hause. Und darüber spannt sich der weiß-blaue Himmel der Bayern.

DIE JACHENAU

Keine barocken Hotelpaläste, nur ein einziger kleiner Skilift, der bereits gut ein halbes Jahrhundert auf dem Buckel hat. Wellness bietet hier die Natur, und das reichlich, sommers wie winters. Wer sie kennenlernen und genießen will, wird seine Wanderschuhe schnüren. Wege gibt es viele, und sie waren bereits markiert, als das in den Bayerischen Voralpen noch nicht selbstverständlich war. Die Jachenauer hängen offensichtlich an ihren Holzschildern, von denen manche wohl fast so alt sind wie die Aufstiegshilfe hinten im Tal. Die EU-genormten gelben Schilder bleiben draußen – bis auf Weiteres jedenfalls. Jachenauer Eigensinn.

WALCHENSEEWASSER

Den kleinen, aber nützlichen Hinweisen begegnet man natürlich nicht nur in den Hochlagen der Jachenau, sondern auch unten im Tal. Wie wär's zur Abwechslung mal mit einer Wasser-Wiesen-Wald-Wanderung entlang der Jachen, vom Dorf Jachenau bis hinaus zum Leger? Der liegt allerdings bereits auf Lenggrieser Hoheitsgebiet, was man am Fehlen der oben erwähnten Schilder merkt. Die Grenze zum »Internationalen Flößerdorf« (Eigenwerbung) verläuft hinter Tannern – und da ist dann auch Schluss mit Markierungen. Dafür stehen die Jachenauer Wegweiser auch oben am Walchensee, wo die Jachen ihren Anfang nimmt, weil das Ufer zum Gemeindegebiet gehört. Im breiten Bachbett liegen Steine, wachsen Büsche, doch Wasser fließt da längst keines mehr. Seit bald hundert Jahren entspringen die eigentlichen Quellbäche der Jachen am Ochsensitzer Berg. Das Walchenseewasser nimmt nicht mehr seinen natürlichen Lauf hinaus zur Isar, sondern schießt von Urfeld am Südfuß des Kesselbergs in mächtigen Eisenrohren am steilen Hang hinab zum DB-Kraftwerk am Südufer des Kochelsees, wo es Turbinen antreibt.

Morgensonne am Hirschhörnlkopf, dem Hausberg von Jachenau. Rechts der Bildmitte der grüne Jochberg, links dahinter Herzogstand und Heimgarten.

Zurück in die Jachenau, die sich gerne als »Sonnental« bezeichnet (Tourismuswerbung). Das stimmt allerdings nicht ganz, zumindest nicht für ein paar Gehöfte, die aufgrund der Ost-West-Ausrichtung des Tals die Sonne im Winter für ein paar Wochen überhaupt nicht zu sehen bekommen und deshalb Schattenhöfe genannt werden. Dabei liegt der Polarkreis doch fern irgendwo im hohen Norden …

WANDERN IN DER JACHENAU

Es ist Frühling, nur noch ein paar Schneebatzen kleben an den Nordhängen des Staffels, die Sonne steht schon recht hoch. Wir folgen der Jachen, mal links, dann wieder rechts des Wassers. Der Fluss mäandert hinter Petern, dass es auf der Landkarte aussieht, als winde sich eine Schlange durchs Tal. Kiesbänke laden zur Rast, zu einem Fußbad, und auch Münchnern, die es textilfrei mögen, kann man im Sommer hier begegnen. Wir sind da eher konservativ. Meine in vielen Jahren ordentlich trainierten Wadln zeige ich ja durchaus gerne, und meinen (ergrauten) Bart auch.

Wir machen Rast in einer Jachenschlaufe. Ich schmeiße ein paar flache Hüpfsteine ins Wasser, Hildegard halbiert einen Apfel und für beide gibt's hinterher noch einen Schluck Dietramszeller Quellwasser gegen den Durst. Es ist warm geworden in den letzten Tagen, die Bäume schlagen aus. Da und dort stehen bereits Kühe auf der Wiese, sogar solche mit Hörnern. Ein Jungbauer, auf seine schönen Tiere angesprochen, erklärt uns, dass das Murnau-Werdenfelser sind. Und dann sagt er noch: »Ein Tier ohne Hörner kommt mir nicht in den Stall!«

Jachenauer Eigensinn. Gut so.

Hof und Flur, Wiesen und Wälder: die Jachenau, ein prächtiger Flecken bayerischer Ursprünglichkeit, bewacht von einem weiten Gipfelkranz (oben).
Die schönste Orchidee der Alpen: der Frauenschuh. Er blüht Ende Mai/ Anfang Juni, bevorzugt an licht bewaldeten südseitigen Hängen (unten).

 TOURENSTECKBRIEF

Charakteristik: Talwanderung ohne nennenswerte Steigungen, bis zur Petererbrücke ordentlich markiert; zuverlässige Orientierungshilfe für den Weiterweg ist die 25.000er AV-Karte BY 11
Start: Jachenau (Buslinie Lenggries – Leger – Jachenau)
Verlauf: Jachenau (790 m) – Luitpolder – Point – Bäcker – Niggeln (743 m) – Petererbrücke – Jachenbrücke bei Letten – Schemeralm – Hintere Graberalm (708 m) – Leger (694 m)
Gehzeit / Anstiegsleistung: 4 Std. / unerheblich

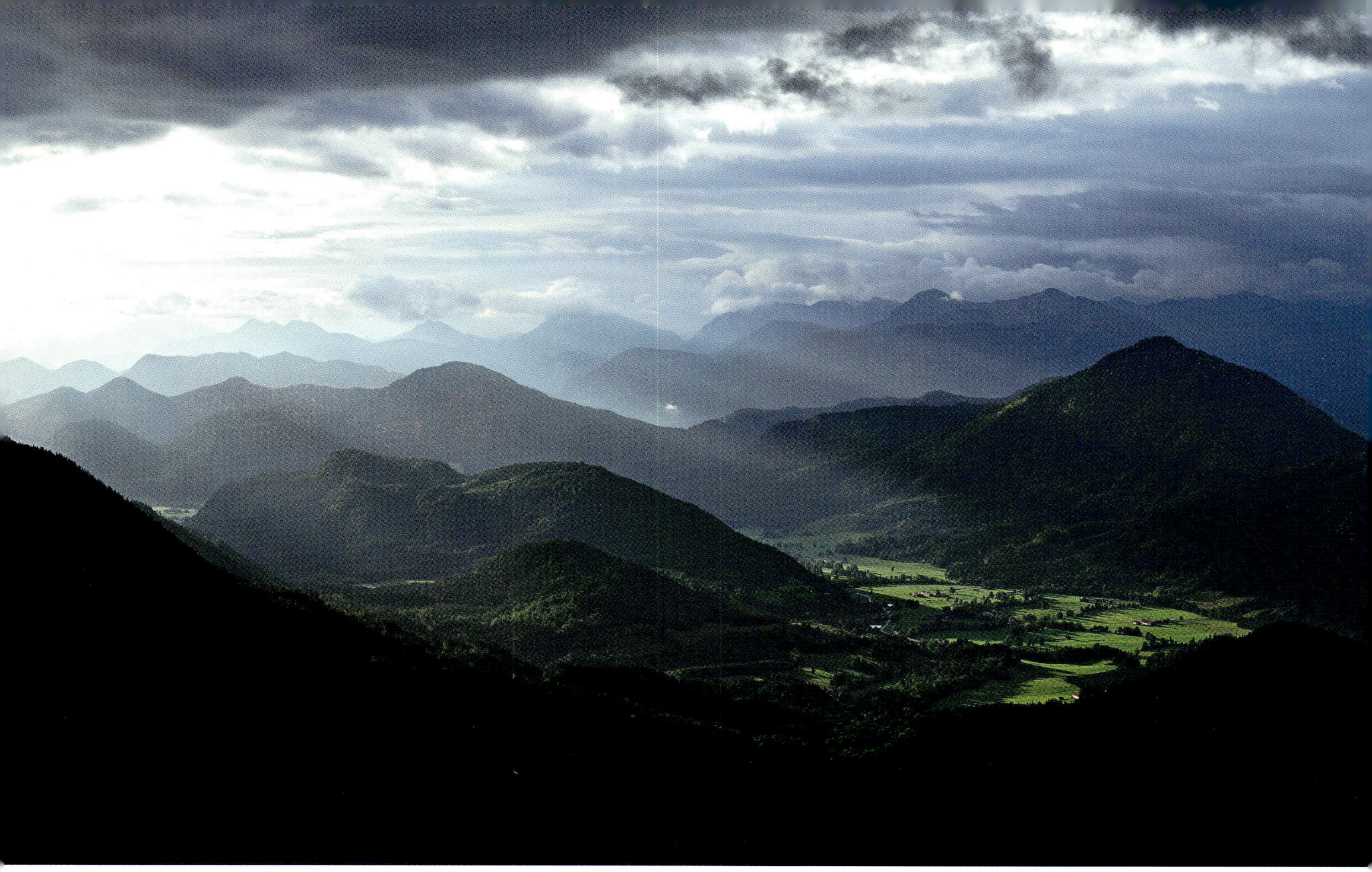

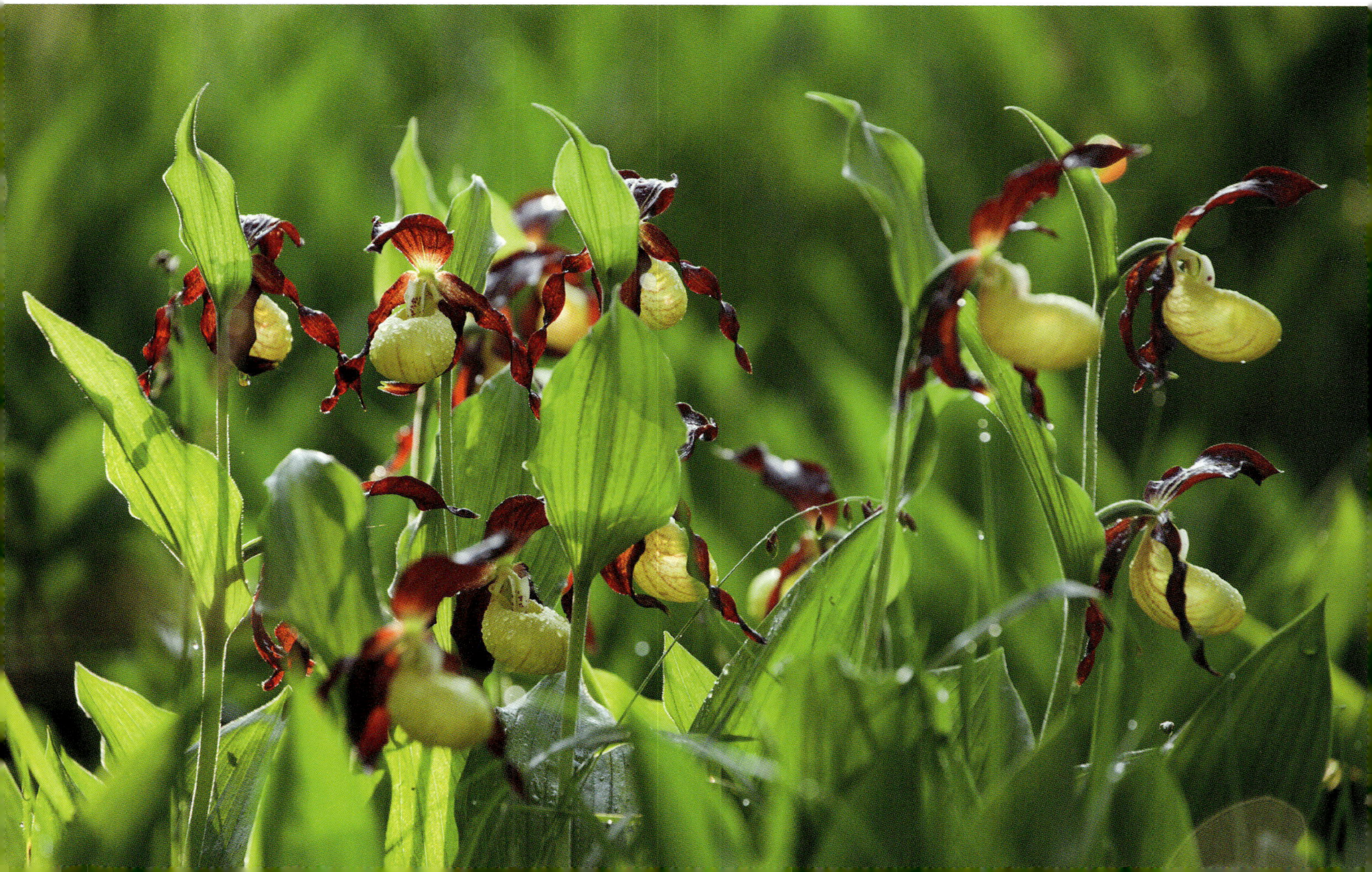

AUF DEN SPUREN VON FRANZ MARC

Malerisch. Ein Begriff, der einem in Naturbeschreibungen etwa so häufig begegnet wie Fliegen im Kuhstall. Dagegen stehen Menschen, die mit Farbe, Pinsel und Staffelei unterwegs sind, längst auf der Roten Liste akut bedrohter Spezies, auch in den Bergen Bayerns. Der Ausdruck »zum Malen schön« hat sich eindeutig überlebt. Das war früher anders, die Landschaftsmalerei war vor Erfindung der Fotografie ein sehr populäres Genre. In so manch gutbürgerlicher Stube hing der Walchensee mitsamt dem Karwendel, routiniert auf die Leinwand gebracht von Lovis Corinth. In den Bergen um Kochel war auch Franz Marc unterwegs, vor allem während seines Studiums an der Münchner Kunstakademie. Auf der Staffelalm hinterließ er zwei Bilder, die später übertüncht, erst 1996 wiederentdeckt und freigelegt wurden: ein malerischer Flecken, im Wortsinn! Der junge Künstler zeichnete und malte in der Umgebung der Almhütte gerne; an eine Bekannte in München schickte er einen Postkartengruß mit einer von ihm gezeichneten Ansicht des Rabenkopfs.

DER BLAUE REITER
Franz Marc war zusammen mit dem Russen Wassily Kandinsky Begründer der Redaktionsgemeinschaft »Der Blaue Reiter«, zu deren Künstlerumfeld auch August Macke, Gabriele Münter, Heinrich Campendonk, Alexej von Jawlensky und Marianne von Werefkin gehörten. Marc gilt heute als einer der bedeutendsten Maler des deutschen Expressionismus. Das Kochler Franz-Marc-Museum, 1986 eröffnet und 2008 durch einen modernen Bau erweitert, präsentiert neben seinen Arbeiten immer wieder Ausstellungen, die den deutschen Expressionismus aus verschiedensten Perspektiven zeigen. Das Blaue Land, wie Franz Marc seine Wahlheimat am Alpenrand nannte, faszinierte damals viele Künstler. Zentral in Marcs Werk sind Tierdarstellungen. »Ich sehe kein glücklicheres Mittel zur ›Animalisierung‹ der Kunst als das Tierbild«, schrieb er 1910.

DIE STAFFELALM
Auf der Staffelalm weidet im Sommer Jungvieh; es rupft sich gute, gesunde Mahlzeiten. Milchkühe sind auf Bayerns Hochalmen selten, und gekäst wird am Berg kaum mehr. Die meisten Almen haben Straßenanschluss, auch die Rappinalm. Darum wurde lange und heftig gestritten, bevor schließlich doch die Bulldozer auffuhren. Naturschutz oder zeitgemäße Erschließung?

Nicht runterfallen! Luftig-verwegener Ausguck am Rabenkopf, hoch über dem Kochelsee.

Unser Weg zum Rabenkopf führt aus dem Tal der Großen Laine durch die Rappinschlucht und dann angenehm schattig hinauf zur Staffelalm, mittlerweile ein kleiner Wallfahrtsort für Menschen, die Natur und Kultur lieben. Es ist Herbst, die Wälder verfärben sich, Bäume werfen ihre Blätter ab. Das Vieh ist bereits drunten im Tal, Franz Marcs Hütte zugesperrt. Wir setzen uns auf die Bank, genießen die milde Wärme.

ÜBER DEN RABENKOPF

Beim finalen Anstieg zum Rabenkopf, über die Serpentinen des erst vor ein paar Jahren sanierten Weges, wird's dann etwas feucht unterm Rucksack. Nach dem Steilabstieg vom Schwarzeck zur Pessenbacher Schneid queren wir – zuletzt auf einer Forstpiste – zu der Wegkreuzung unter der Glaswandscharte. Steil und auf einer unangenehm rutschigen Unterlage, einem Mix von feuchtem Laub und Steinen, geht's dann weiter bergab zur Petereralm. Der Glasbach plätschert und hüpft hier über kleine Kaskaden talwärts. Doch das Schönste kommt ja erst noch: der Lainl-Wasserfall. Seine beste (Jahres-)Zeit – die Schneeschmelze – liegt bereits ein paar Monate zurück, er bietet aber immer noch ein sehenswertes Schauspiel. Die Gumpen im Vorfeld des stiebenden Wassers verführen im Hochsommer zu einem angenehm kühlenden Fußbad.

GEDANKEN EINES KÜNSTLERS

Am Rückweg durch das Tal der Großen Laine kehren unsere Gedanken zu Franz Marc zurück. Wie sein Freund August Macke, der bereits 1914 fiel, ist auch er aus dem Krieg nicht zurückgekommen. Seine Kunst hat überlebt, glücklicherweise, auch seine Auf-

Blick vom Rabenkopf auf Martinskopf, Herzogstand und den verschneiten Krottenkopf (links); Felszähne am Rabenkopf (Mitte); der Kochelsee im Abendlicht (rechts).

zeichnungen, die natürlich vor allem um die Malerei kreisen. Über die Grenzen der Kunst hat er notiert: »Am freiesten arbeiten glaub ich die zwar äußerst seltenen Dichter; wenigstens haben die Schriftsteller es beim Publikum durchgesetzt, daß ihnen der Mond in die Zimmer spazieren darf; man darf sogar eine Sonne im Herzen tragen, Sterne herunterholen usw. Aber lassen Sie einmal einen Maler den Mond in einer Stube aufhängen oder auf den Tisch legen usw. Manches ist auf Verordnungswegen erlaubt worden, z. B. einem Pferde Flügel ansetzen; aber man muß das Patent ›Pegasus‹ darunter schreiben.«

Wie wir in Jachenau ankommen, dämmert es bereits. Am Himmel hängt der Mond, ganz rund, und schaut in unsere »Stube« herein. Die hat vier Räder und wird uns in weniger als einer Stunde nach Hause bringen.

Ein Wintertraum am Rabenkopf: Nebel in den Tälern, ein Wolkenhimmel, viel unberührtes Weiß – und ein Lichtschimmer fern am westlichen Horizont.

TOURENSTECKBRIEF

Charakteristik: Sehr abwechslungsreiche Runde zwischen Jachenau und dem Rabenkopf; Trittsicherheit und etwas Ausdauer notwendig
Start: Jachenau (790 m), Parkplatz unterhalb der Kirche
Verlauf: Jachenau – Ascherwiese – Rappinschlucht – Staffelalm (1320 m) – Rabenkopf (1555 m) – Schwarzeck (1527 m) – Pessenbacher Schneid – Wegkreuzung unter der Glaswandscharte (ca. 1270 m) – Lainl-Wasserfall – Jachenau
Gehzeit / Anstiegsleistung: 6¾ Std. / 850 Hm

Delpssee

DUNKLES AUGE UNTERM STIERJOCH

Manche Bergtouren folgen mitunter einer – so könnte man zumindest glauben – exakten, bis ins Detail festgelegten Choreografie. Da ist vielleicht ein längerer Zustieg, der neugierig macht, aber wenig preisgibt, möglicherweise mit etwas verlorener Höhe gewürzt, um zusätzlich Spannung aufzubauen. Bunte Sehenswürdigkeiten links und rechts des Weges sorgen für Ablenkung. Dann steht man unvermittelt vor einer düsteren Wand, über die dünne Wasserfäden herabrinnen, da und dort Kaskaden bildend. Jetzt ist Einsatz gefordert, denn der Weg weist steil nach oben, hinein in den Felskessel.

Schritt um Schritt geht's bergauf, Meter um Meter nähert man sich dem oberen Rand der Mauer. Wie's dahinter wohl ausschauen mag? Dann tritt der ziemlich geschlauchte Bergsteiger aus dem Schatten ans Licht. Und da liegt es vor uns, ein dunkles Seeauge in einer grünen Mulde, still, regungslos, überragt von dunklen Felsen.

Zeit für eine längere Rast, zum Aufatmen und Genießen. Genussvoll ist dann auch der Weiterweg, erst Höhen- und Aussichtswanderung, schließlich gemütliches Bergab. Und zuletzt: Auslauf zurück ins Tal, im Spätnachmittagslicht. Drunten schließt sich der Kreis, physisch und auch im Kopf: faszinierend, eine runde Sache, diese Tour!

EIN GEHEIMTIPP

So haben wir unsere Fußreise zum Delpssee empfunden: fordernd, lang – und großartig. Und dazu einsam. Während sich am Schafreiter an diesem herrlichen Herbsttag die Gipfelstürmer garantiert um den besten Platz an der Sonne kabbelten, waren wir auf unserer Runde fast allein. Nennenswertes Verkehrsaufkommen gab's lediglich im Bächental: ein Dutzend Radler, gut die Hälfte mit E-Muskel. Für akustische Untermalung der bezaubernden Bergkulisse am Weg von der Delpsalm zum Lerchkogel-Hochleger sorgten ein paar (Tiroler) Hirsche mit ihrem lauten, aber unmelodischen Röhren.

Die Tour ist allen zu empfehlen, die gut zu Fuß sind, sich auch von dem langen Anmarsch durchs Krottenbachtal nicht die Laune verderben lassen. Unterwegs gibt's immerhin einiges zu sehen, während man die Füße laufen lässt. Zwei, drei Mal öffnet sich kurz ein Blick in den tiefen Graben des Krottenbachs. Kaum einladender wirkt der riesige Fels- und Geröllkessel des Oedbachs, der hoch am Grasköpfl ansetzt. Da hört man buchstäblich die Steine aus dem mürben Fels fallen …

Stiebende Wasser über dem innersten Krottenbachtal. Der wilde Graben zwischen Schafreiter und Kotzenberg vermittelt faszinierende Landschaftseindrücke, von malerisch bis beklemmend wild.

Eine Viertelstunde weiter taleinwärts nimmt der Krottenbach das Wasser des Moosbachs auf. Der stürzt aus dem weitläufigen Almgelände in einer nicht enden wollenden Folge von großen und kleinen Kaskaden über sagenhafte 450 Höhenmeter in den Talgrund ab. Zum Vergleich: Die Krimmler Wasserfälle haben eine Gesamthöhe von 380 Metern. Allerdings ist da meistens deutlich mehr Wasser unterwegs … Im Frühsommer lohnt es sich aber auf jeden Fall, auf der unmarkierten, deutlichen Wegspur ein Stück weit anzusteigen, um die bildmächtigen Wasserspiele zu besichtigen.

Schroffe Felsen und Wasserkaskaden prägen das tiefe Krottenbachtal – ein ungezähmt wilder Bergwinkel.

RAST AM DELPSSEE

Wir kennen den Weg schon, steuern also geradewegs auf den vermauerten Abschluss des langen Krottenbachtals zu. Da geht der Weg – gefühlt – dann abrupt von der Horizontalen in die Vertikale über, was den Schritt langsamer werden lässt, die Pulsfrequenz dafür in die Höhe treibt. Doch auch 450 sehr steile Höhenmeter haben nicht nur ein unteres, sondern auch ein oberes Ende. Und so sitzen wir gemütlich in der Wiese über dem Delpssee, teilen zwei Äpfel mit ein paar Bergdohlen, die nicht so richtig verstehen wollen, dass es sich auch bei einer unverhofften Fütterung wie mit unserem Weg verhält: Anfang und Ende.

Nach dem steilen Aufstieg aus dem innersten Krottenbachtal steht man unvermittelt am Rand einer flachen, grünen Mulde mit einem dunklen Auge mittendrin: dem Delpssee. Was für ein Kontrast! Das seichte Gewässer schrumpft nach trockenen Sommern zu einem bescheidenen Tümpel.

Noch ein Schluck aus der Sigg-Flasche, dann machen wir uns gestärkt auf zur Höhenwanderung, die auf Tiroler Boden über dem innersten Bächental verläuft und freie Sicht auf mehrere markante Karwendelgipfel bietet. Im Südwesten lugen die Östliche Karwendelspitze, die Birkkarspitze und die Kaltwasserkarspitze ins Bild, im Süden – links von der Fleischbank – Laliderer Falk und Gamsjoch. Schee!

TOURENSTECKBRIEF

Charakteristik: Lange und anstrengende Runde, reich an starken Eindrücken, durchgehend markiert, Zu- und Abstieg teilweise auf Straßen, Trittsicherheit und ordentliche Kondition wichtig
Start: Fall; Anfahrt von Lenggries
Verlauf: Fall (773 m) – Krottenbachtal – Delpssee (1595 m) – Lerchkogel-Hochleger (1550 m) – Niederleger (1331 m) – Bächental – Fall
Gehzeit / Anstiegsleistung: 7¾ Std. / 1050 Hm

Schafreiter

GIPFELHIT IM VORKARWENDEL

»Haben Sie ein Buch geschrieben?« – Ich bin perplex: »Ja, hm, ja.« – »Dann sind Sie schuld an meinem Unglück!«

So kann's einem Autor gehen, der nicht Liebesromane mit garantiertem Happy End, sondern vor allem Anleitungen zum Bergsteigen verfasst. Unter anderem einen Wanderführer »Isarwinkel und Tegernseer Berge«. Eine der vielen darin vorgestellten Touren führt auf den Schafreiter, hinauf über die Moosenalm, hinab über die Tölzer Hütte. Und da traut sich die Gipfelstürmerin, plötzlich von einer Angstattacke überfallen, nicht hinunter. Schuld ist – wie immer – der Überbringer der schlechten Nachricht, in diesem Fall der Autor. Ich werde zwar weder geköpft noch in den Kerker geworfen, fühle mich aber doch irgendwie für die Malaise verantwortlich. Also steigen wir zu dritt ab, voraus Hildegard, in der Mitte das Opfer, der Täter zum Schluss. Eine Stunde später sind wir unten an der Tölzer Hütte, wo wir für unsere Hilfestellung sogar einen Apfelsaft spendiert bekommen.

Tatort Schafreiter. Normalerweise trifft ein Autor seine Leser in einer Buchhandlung, wo er brav Texte vorträgt, nicht auf einem Berggipfel, um dort dann auch gleich noch in Haftung genommen zu werden. Na ja, alles gut ausgegangen.

HÜTTENGESCHICHTE

Der Schafreiter wird natürlich nicht nur von Führerautoren und leicht verängstigten Damen besucht. Da kann's an schönen Sommertagen oben am Gipfel schon mal recht eng werden, während auf der Tölzer Hütte die Küche an ihr Limit gelangt. Dabei war das 1924 eingeweihte Haus über viele Jahre ein Zuschussbetrieb für die AV-Sektion. Die Inflation der 1920er fraß das Vermögen der Tölzer auf, dann fegte ein Föhnsturm das Dach weg.

Während des Zweiten Weltkrieges war auch nichts zu gewinnen. 1951 wurde am Gipfel des Schafreiters ein Kreuz aufgestellt, als weithin sichtbares Zeichen, im deutschen Wirtschaftswunder stiegen die Besucherzahlen kontinuierlich an. Dann gab's Ärger mit der Jagdpächterin am Tiroler Schafreiter. Die belgische Prinzessin Lilian, zweite Gattin von Leopold III. und eine überaus kapriziöse Dame, wollte den Bau einer Materialseilbahn verhindern, weil sie um die Ruhe in ihrem Revier fürchtete.

Der Schafreiter ist auch im Winter ein beliebtes Tourenziel. Vom Gipfelgrat hat man freie Sicht ins Karwendel; das verschneite Gipfeldach des Vorderskopfes glitzert in der Nachmittagssonne.

Tempi passati. Die Grenze zwischen Tirol und Bayern ist offen, die Schlagbäume in Vorderriß sind längst abgeräumt, hüben wie drüben wird mit dem Euro bezahlt. Heile Alpenwelt im frühen 21. Jahrhundert?

DAS KREUZ MIT DEM KREUZ

Nicht ganz, zumindest was den Schafreiter betrifft, denn der wurde im Jahr 2016 zwei Mal seines Gipfelschmucks beraubt. Unbekannte sägten das Kreuz ab, zwischenzeitlich machten sich sogar Rechtsextreme am Gipfel zu schaffen. Mittlerweile hat der Berg sein Kreuz wieder – nach wie vor wird aber darüber diskutiert, ob Gipfelkreuze sein sollen. Reinhold Messner, der Großguru aller Alpinisten, hat ein distanziertes Verhältnis zu diesen religiösen Symbolen. »Man sollte die Berge nicht zu religiösen Zwecken möblieren«, sagte er in einem Interview. »Die Berge, die doch der ganzen Menschheit gehören, sollten nicht mit einer bestimmten Weltanschauung verknüpft oder besetzt werden.« Aber natürlich würde er nie ein Gipfelkreuz zerstören, das sei Vandalismus.

Wir verabschieden uns von unserer Zufallsbekanntschaft und machen uns an den Abstieg. Der führt quer durch die Südwestflanke des Schafreiters zunächst zur Moosenalm. Da stoßen wir auf die Straße, deren Bau vor Jahren einen heftigen,

Gipfelnachbar des Schafreiters ist das Stierjoch mit seiner schroffen Westflanke. Am Horizont das markante Profil des Guffert.

Hier waren Künstler am Werk: Steinskulpturen am Südgrat des Schafreiters.

teils sehr polemisch geführten Streit auslöste. Sie läuft in weiten Schleifen an dem bewaldeten Hang hinab ins Tal des Rißbachs. Ab und an zeigen sich zwischen den Bäumen ein paar Karwendelgipfel. Die Sonne steht schon ziemlich weit im Westen. Ein schöner Tag!

TOURENSTECKBRIEF

Charakteristik: Beliebte Gipfelüberschreitung auf markierten Wegen, bis zur Moosenalm Sandstraße, im Abstieg zur Tölzer Hütte kurze felsige Passage
Start: Parkplatz am Ausgangspunkt der Straße zur Moosenalm, unweit der Oswaldhütte
Verlauf: Parkplatz (847 m) – Moosenalm (1591 m) – Kälbereck (1757 m) – Schafreiter (2101 m) – Tölzer Hütte (1835 m) – Höhenweg – Moosenalm – Parkplatz
Gehzeit / Anstiegsleistung: 6½ Std. / 1280 Hm

DER SÜDWESTEN –
RUND UM DEN WALCHENSEE

Kochler Vielfalt

ZWISCHEN MOOR, SEE UND BERG

Kochel, das wissen Geschichtskundige, hat seinen Schmied, mit dem es vor mehr als 300 Jahren ein böses Ende nahm. Und natürlich seinen See samt Badetempel, der »Kristall Therme« heißt. Und dann ist da noch der Kesselberg, beliebtes Kurvenkarussell bei den Schwarzjacken, die sich gerne in die 70 Kurven und Kürvchen legen. Wenn Ambitionen und Können nicht so recht zusammenpassen wollen, muss manchmal nach dem Sanka gerufen werden. Kochel hat Bahnanschluss, seit 1898 schon, die Autobahn ist allerdings auch nicht weit. An den Wochenenden entsteigen bei schönem Wetter schon ein paar Dutzend Ausflügler dem DB Regio; ein Vielfaches an Besuchern, die meisten unterwegs zum Walchensee, schleicht dann durch den Ort: ein blecherner Tatzelwurm.

RUND UM KOCHEL

Wir sind zu Fuß unterwegs, wollen hinaus ins Moor, dann von Ort hinauf zum Pessenbach und auf dem schattigen Hangweg hinüber zum Wasserfall des Lainbachs. Die abwechslungsreiche Runde führt uns zunächst schnurgerade zur Loisach, die sehr gemächlich in ihrem kanalisierten Bett dahinfließt, Wasser der Isar mitführend. Genauer: das Wasser des Rißbachs und der Isar, abgeleitet und dem Walchensee zugeführt. Zweihundert Meter tiefer summen und brummen Turbinen, produziert das bald hundert Jahre alte Kraftwerk des Herrn Oskar von Miller Energie für die Deutsche Bahn.

Flussabwärts verlaufen Wasser und Weg parallel, begleitet von ausgedehnten Moorflächen mit teilweise recht originellen Bezeichnungen: Rohrsee, Ochsensitz, Söldnermoos, Mondscheinfilz.

TRIFT AN DER LOISACH

»Das Holz ist weg!« Hildegard weiß, was ich meine. Seit bald einem Jahr stapelten sich am linken Loisachufer Stämme – jetzt sind sie weg. Nein, sie sind flussabwärts unterwegs, heute, und mit ihnen ein paar Kähne, deren Besatzung dafür sorgt, dass sich das Holz nicht am Ufer verhakt.

Des Rätsels Lösung: Das Wasserwirtschaftsamt fällte vor Monaten im Moos Bäume, wusste aber zunächst nicht, wie man sie abtransportieren sollte, ohne Straße. Dann hat sich jemand an den ältesten Verkehrsweg erinnert: das fließende Wasser. Die

Mystische Stimmung am Walchensee. Über dem Altlacher Berg der Schafreiter und der Risser Falk, draußen im See das Inselchen Sassau. △△

Drei Seen am Alpenrand: der Kochelsee im Vordergrund, weiter draußen der Riegsee und der deutlich größere Staffelsee. Fern am Horizont die flache Pyramide des Hohen Peißenberges.

Trift war früher die einzige Möglichkeit, den Rohstoff Holz aus den Bergen hinab ins flache Land zu schaffen. Zwischen dem Zu- und Abfluss des Kochelsees wurde sogar ein gut fünf Kilometer langer Kanal gegraben, der den Flößern den Umweg übers Seewasser und damit einen Tag Arbeit ersparte.

Wir schauen den Stämmen zu, die gemächlich im Wasser treiben. Auf der Höhe von Benediktbeuern werden sie aus dem Wasser gefischt und auf Holzlaster verladen: Trift anno 2017.

EINEN METER LANG, BIS ZU 30 KILOGRAMM SCHWER: DER BIBER

Am Weiterweg entdecken wir dann Spuren eines Loisach-Bewohners, der lange Zeit verschwunden war, mittlerweile an den Flüssen, Bächen und Seen des Alpenvorlands wieder heimisch geworden ist – und sich fleißig vermehrt: der Biber, lat. Castor fiber, das größte Nagetier Europas. Der Vegetarier ist als großer Baumeister bekannt, mit Spezialgebiet Burgen und Dämme. Daneben macht er sich auch um den Natur- und den Hochwasserschutz verdient. Vom Biber angelegte Biotope sind ein wahres Paradies für Kleinsäuger, Vögel und viele Insektenarten. Überall da, wo der Biber lebt und baut, verzögert sich der Wasserabfluss nach Niederschlägen um ein Vielfaches – umweltfreundliches Wassermanagement nach Biberart. Hildegard hat eine stattliche Weide entdeckt, die den scharfen (und nachwachsenden) Zähnen des Nagers zum Opfer fiel: sauber gefällt und dann fein abgefieselt die Rinde. Mancherorts – das sei hier nicht verschwiegen – sind die Eingriffe des Bibers ins Landschaftsbild mittlerweile so massiv, dass der Ruf nach selektiven Abschüssen laut wird.

Am Triftkanal (links); Wasser, die Grundlage allen Lebens (Mitte); Blitz und Donner über dem Kochelsee (rechts).

Wir verabschieden uns von der Loisach und wandern durch den Ort mit dem schönen Namen Ort hinauf zum Pessenbach. Die Benediktenwand gibt in etwa die Richtung vor; ziemlich genau im Süden ragt der Jochberg in den Himmel, beides absolute Wanderklassiker. Wie Herzogstand und Heimgarten, die im Südwesten stehen, durch die markante Senke des Kesselbergs vom Jochberg abgesetzt.

Wenig oberhalb der B 11 beginnt ein Weg, der uns ansteigend zur Kohlleiten bringt. Letztes Highlight an der Runde ist dann der Lainbachfall, dessen Wasser in einem schattig-idyllischen Winkel über eine Felsstufe herabstieben.

Eine halbe Stunde später sind wir drunten in Kochel. »Wollen wir mal nachschauen, ob der Bernd zu Hause ist?« Hildegard nickt.

 TOURENSTECKBRIEF

Charakteristik: Gemütliche Rundwanderung auf komfortablen Tal- und ordentlichen Bergwegen
Start: Bahnhof Kochel
Verlauf: Kochel (607 m) – Loisach – Brunnenbach (601 m) – Ort (619 m) – Kohlleiten (750 m) – Lainbachfall – Kochel
Gehzeit / Anstiegsleistung: 3½ Std. / 200 Hm

Nicht nur hübsch anzu-
schauen: Weidenkätzchen. Sie
blühen bereits früh im Jahr
(ab Anfang März) und sind
deshalb für Bienen eine wichtige Futterpflanze (oben).
Nach 30 Minuten Belichtungszeit zeigt sich trotz völliger
Dunkelheit die Schönheit des
Kochelsees. Über der Fischer-
hütte der Herzogstand (links).

Im Wasser des Kochelsees
spiegeln sich die vom Licht
der tief stehenden Sonne
rötlich verfärbten, schroffen
Felsen des Jochbergs. ▽▽

EIN RICHTIGER RENNER

Halb vier. In der Nacht. Es ist finster, trotz der tausend winzigen Punkte am Himmel. Das Licht unserer Stirnlampen tanzt über den Sandbelag der Forstpiste, bei jedem Schritt knirscht es leise unter den Schuhsohlen. Wir sind unterwegs zum Jochberg und bis zur Jocheralm führt eine breite Straße. Ideal für eine Tour zum Sonnenaufgang – wenn man sich nicht verläuft. Genau das ist uns passiert; der Weg wird schmaler und endet schließlich an einer kleinen Lichtung. Also zurück zur Verzweigung.

ZUM SONNENAUFGANG

Ich bleibe stehen, horche. Noch pfeift kein Vogel, aber irgendwas brummt im Walddunkel. Dann tauchen zwei Lichtkegel auf: ein Auto. Ein Jäger? Das Fahrzeug hält und eine wohlbekannte Stimme fragt: »Was machst denn du da?«

Der Bernd. Unterwegs zum Sonnenaufgang am Jochberg. Zum Fotografieren für die Tourismusleute von Kochel. Zu dritt fahren wir also zur Alm, dann geht's per pedes weiter zum Gipfel. Es dämmert allmählich. Der Vollmond pinselt einen hellen, gleißenden Streifen auf den tiefblauen Spiegel des Walchensees, am südlichen Horizont tauchen die Gipfelketten des Karwendels auf.

Wir sind rechtzeitig oben, Bernd baut Stativ und Kamera auf. Dann tritt die Sonne auch schon als Feuerball ins Bild, alles überstrahlend. Vor ein paar Minuten noch vertrieb uns der kühle, kräftige Morgenwind immer wieder vom Grat, jetzt wärmt das Sonnenlicht spürbar unsere Haut. Und dann geschieht noch ein Wunder, aber im Westen, nicht im Osten. Das fahle Grau des Zugspitzmassivs verwandelt sich im Frühlicht in zartes Rot, während der Vollmond gleichzeitig hinter dem Gipfel abtaucht. Was für ein Schauspiel! Regisseurin: die Natur. Hauptdarsteller: Sonne, Mond und Berge. Und die Zuschauer: hingerissen.

ALLEIN AM JOCHBERG?

Der Jochberg gehört ohne Zweifel zu den schönsten Aussichtskanzeln am bayerischen Alpenrand. Das weiß man auch in München, und so sind die Parkplätze beiderseits des Kesselbergs an schönen Wochenenden regelmäßig rappelvoll. Eine bunte Karawane schlängelt sich dann an der weit hinauf bewaldeten Westflanke dem Westgrat entgegen.

Am Gipfelgrat des Jochbergs, in der Tiefe der Walchensee mit der Halbinsel Zwergern, in der Bildmitte der Herzogstand (oben). Die Buche gilt bis auf eine Höhe von etwa 1400 Meter als natürliche Hauptbaumart in Bayerns Bergen. Im Vergleich mit der Fichte ist sie wesentlich robuster, auch in Bezug auf klimatische Veränderungen (unten).

Es geht allerdings auch anders. Ein Wintertag ganz ohne Glanz und fast ohne Schnee. Dafür mit viel Grau – halt richtiges Westwindwetter. Der Walchensee präsentiert sich als bleierner, tauber Spiegel, nur ab und an zittert ein heller Lichtfleck übers Wasser. Die steinigen Karwendelgipfel verstecken sich hinter mächtigen Wolkenbänken, die sich zu immer neuen Skulpturen auftürmen, um dann in sich zusammenzufallen. Kein Wetter für eine Gipfelwanderung – oder doch? Fast eine Stunde lang bin ich oben geblieben, ganz allein, und habe der Natur zugeschaut, wie sie immer wieder neue, andere Bilder malte.

WASSERKRAFT

Vor ein paar Jahren geisterte das Projekt eines Pumpspeicherwerks am Jochberg durch die Medien. Es sah im Bereich der Jocheralm einen 22 Hektar großen Stausee vor, dessen Wasser drunten am Walchensee drei Francis-Turbinen antreiben würde. Geschätzte Kosten: mindestens 600 Millionen Euro. Die Politik nickte erst wohlwollend, knickte im Gegenwind dann aber rasch ein: im Prinzip machbar, wie Studien zeigten, zurzeit aber nicht rentabel.

Turbinen summen ja bereits seit bald einem Jahrhundert drunten in Kochel, im Walchensee-Kraftwerk. Es wurde in den Jahren 1918–1924 erbaut, war zu der Zeit eines

Das Zugspitzmassiv im weißen Kleid, davor rechts der Simetsberg und im Vordergrund der Jochberg (oben). 15 Minuten Belichtungszeit zaubern mystische Farben und eine surreale Stimmung über den Walchensee. Unverkennbar: die kahle Gipfelflanke des Jochbergs (links).

der leistungsstärksten weltweit und eine echte Pionierleistung der Ingenieurkunst. Initiant, Projekt- und Bauleiter: Oskar von Miller, der Gründer des Deutschen Museums in München.

Er vertrieb übrigens die Produkte des amerikanischen Erfinders Thomas Edison in Deutschland. Ob deshalb den Befürwortern des Pumpspeicherwerks noch rechtzeitig ein Lichtlein aufgegangen ist, glaube ich nicht. Trotzdem: Es ist schön, dass kein künstlicher See den Jochberg verunzieren wird. Das soll auch bis zur nächsten Jahrhundertwende so bleiben. Mindestens.

TOURENSTECKBRIEF

Charakteristik: Recht lange, unschwierige Gipfelwanderung, abschnittweise Schotterpisten; weniger stark frequentiert als der Anstieg vom Kesselberg
Start: Jachenau (790 m)
Verlauf: Jachenau – Berg – Jocheralm (1381 m) – Jochberg (1565 m) – Jocheralm – Kotalm (1133 m) – Jachenau
Gehzeit / Anstiegsleistung: 4¾ Std. / 780 Hm

Spektakuläre Lichtspiele an den Felsen des Jochbergs. In der Tiefe der Kochelsee, weit draußen im Flachen der Starnberger See. ▽▽

Glentleiten und Rötelstein

VOM BAUERNHAUS ZUM GIPFELSITZ

Die Glentleiten hat sich erneuert. Ein bisschen. Der gesamte Eingangsbereich wurde verlegt, mit viel Holz neu gebaut, Bier wird hier gebraut und eine Brotzeit gibt's auch. Sonst ist alles wie immer. Und das ist gut so. Das Schmalzbrot im Kramerladen schmeckt nach wie vor konkurrenzlos gut, die Aussicht übers Alpenvorland prunkt in den Farben Grün und Blau.

Glentleiten. Freilichtmuseum und mehr. Ein Platz der Entschleunigung, denke ich manchmal, wenn wir zwischen den Zeugnissen der »guten alten Zeit« spazieren, auf gepflegten Kieswegen, vorbei an Häusern, die ganz woanders am bayerischen Alpenrand erbaut, sogar mehrfach umgebaut wurden, bevor sie die Reise auf den Hügel oberhalb von Großweil antraten. Alles ist liebevoll arrangiert, die aufgeplusterte Federdecke im viel zu kurzen Bett ebenso wie Omas Schüsselbrett. Vor der Schmiede dreht sich gemächlich das große Wasserrad. Draußen schnattern ein paar Enten, Bienen summen um ihr Haus, im Garten blüht es gerade.

EINE KLEINE ZEITREISE

Wenn keine Schulferien sind, Werktag dazu und das Wetter eher mau, ist für mich die Glentleiten ein besonders schönes Erlebnis. Kaum Menschen, schon gar niemand, der es eilig hat. Dann fühlst du dich wie der Zeitreisende in H. G. Wells berühmtem Roman: in deiner Welt, aber zu einer anderen Zeit. Es liegt ein milder Zauber über dieser Puppenstube bäuerlich geprägter Vergangenheit, kein Handypiepsen, auch nicht »wisch-und-weg« am Smartphone. Fast zwangsläufig schon stellt sich die Frage nach dem Fortschritt und seinem Preis.

AUF DEN RÖTELSTEIN

Wir wollen heute noch fort-schreiten, in jenem Tempo, das dem Menschen angeboren und auch angemessen ist: zu Fuß. Unser Ziel ist ein ganz und gar unscheinbarer Gipfel. Den Rötelstein kennt man in Kochel oder in Schlehdorf, vielleicht gerade noch in Murnau. Münchner verirren sich eher selten in die nördlichen Vorberge des Heimgartens. Auch vor uns hat er sich lange Zeit gut versteckt; die anderen Kulissenberge von Kochel – Jochberg, Herzogstand, Heimgarten – stehen nun mal in der ersten Reihe.

Von der Glentleiten schaut man hinaus ins flache Land und auf die Berge. Wie der Mensch früher in den Alpen und in ihrem Vorland gelebt hat, erfahren Besucher im Freilichtmuseum (oben). Farbenspiel mit Roten Lichtnelken – wer möchte dafür das fade Grün eines getrimmten Vorgartenrasens eintauschen (unten)?

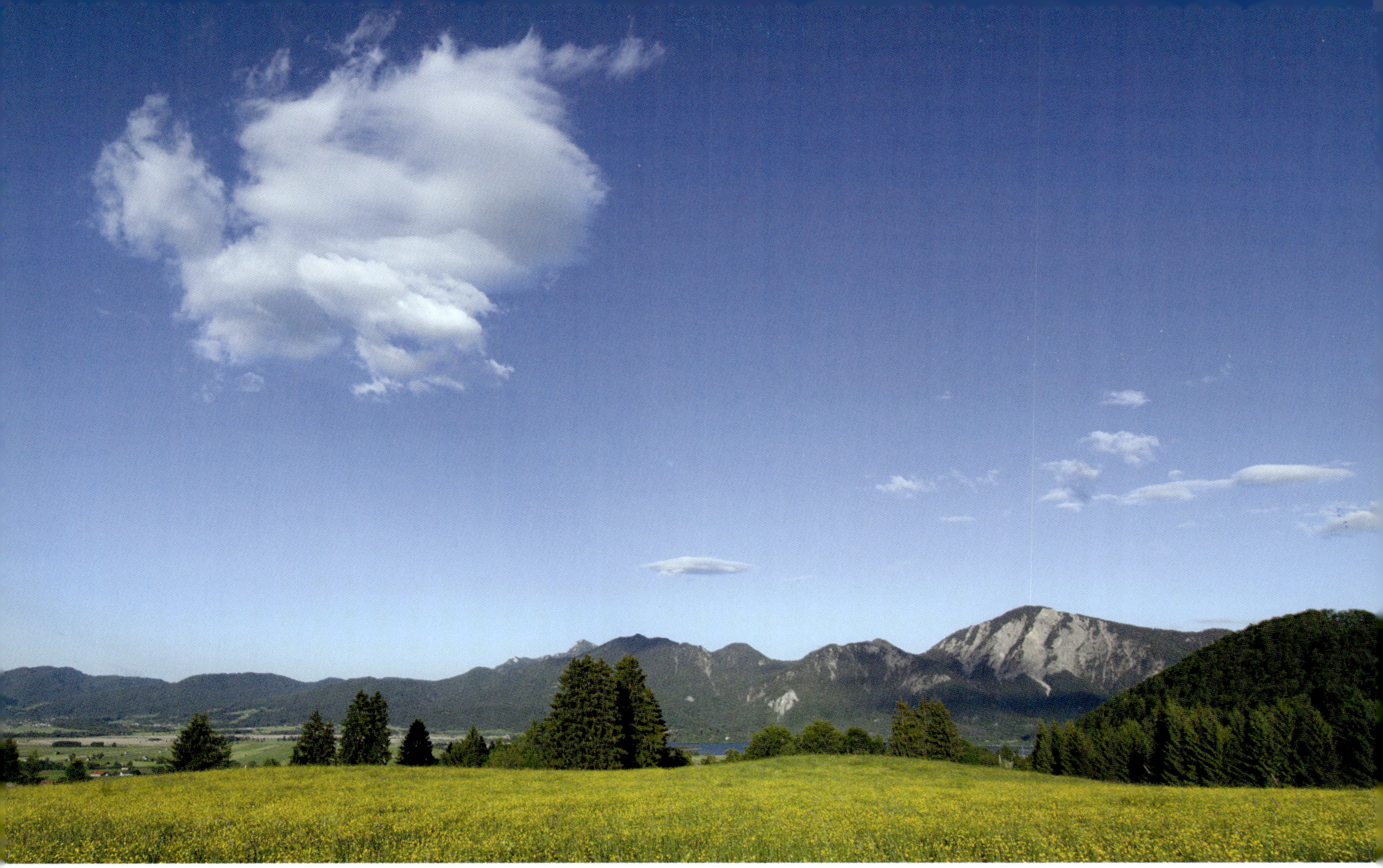

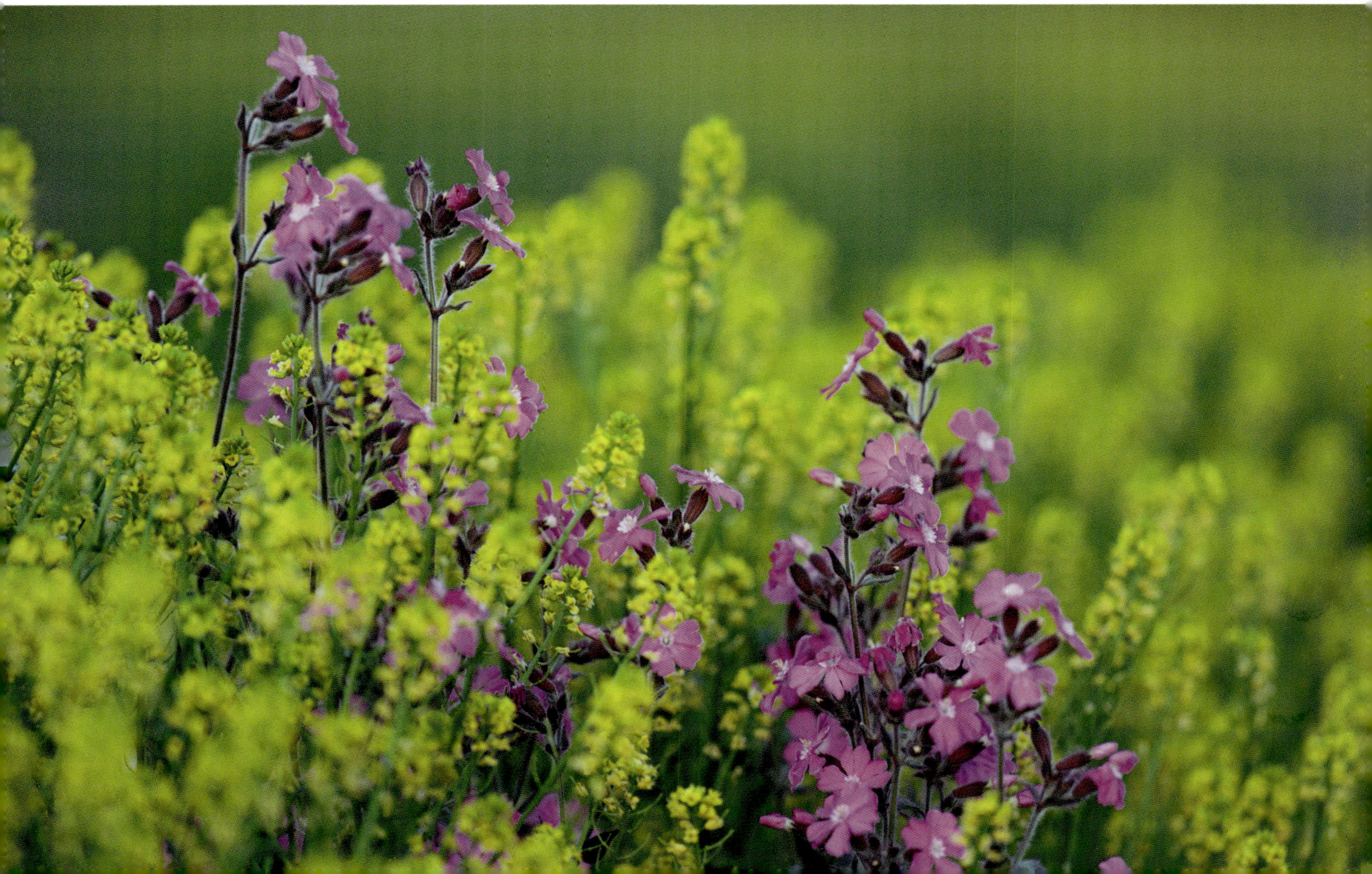

Unsere Nachmittagswanderung führt hinter der Glentleiten in den Wald. »Wieso«, fragt Hildegard, »heißt der Berg eigentlich Rötelstein?« Das hat mich auch gewundert, und die große Datenkrake aus dem Silicon Valley hat's tatsächlich gewusst. Der felsige Südabbruch des Nebengipfels besteht aus Sandstein, und der leuchtet beim Sonnenaufgang rötlich auf. Beobachten lässt sich das allerdings nur vom Heimgarten oder vom Herzogstand. Vor Jahren sind wir mal vom Kesselberg aufgestiegen, um am Herzogstandgipfel frühmorgens die Sonne zu begrüßen. Doch auf den kleinen Nachbargipfel mit der noch kleineren Wand hat keiner geschaut, zu schön war das Panorama der Karwendelberge im Süden …

Unter dem Nebel ist es schon lange dunkel, an den Bergen verglimmt gerade das letzte Sonnenlicht. Links im Bild der Rötelstein.

FELSIGES FINALE

Ob wir heute überhaupt mit Aussicht rechnen können, bei so viel Wald rundum und bis zum Gipfel? Die Frage begleitet uns bis in die Mulde unter dem Käserberg. Hier geht eine deutliche Spur von der Forstpiste links ab, steigt zwischen Bäumen an. Dann die Überraschung: Felsen. Heller Kalk, von Wind und Wasser zernagt. Aus der Waldwanderung wird ganz unvermittelt eine Kletterei, leicht, aber doch recht ausgesetzt. Tritte und Griffe bietet der Untergrund genug, trotzdem heißt es aufpassen. Bald sind wir

Zwischen Tag und Traum – magische Momente, in denen Licht und Farben, Silhouetten und Fantasie ihr Ballett aufführen. Links Herzogstand und Heimgarten.

oben – und staunen nochmals. Der Felsgipfel ist so spitz und kleinräumig, dass man sich kaum g'scheit hinsetzen könnte, wenn nicht gute Geister ein paar Sitzplätze aus Holz gezimmert und fest verankert hätten. Danke!

Die Aussicht wird durch Bäume einigermaßen eingeschränkt. Im Rücken hat man den Heimgarten mit seiner schrofigen Nordflanke, vor sich das weite Moorgebiet zwischen Kochel und Benediktbeuern. Im Nordwesten grüßen der Staffel- und der Riegsee.

Heimatland. Mal eben, dann wieder schroff, sogar felsig – halt einfach schön.

TOURENSTECKBRIEF

Charakteristik: Halbtageswanderung mit felsigem Finale; Trittsicherheit und etwas Kletterfertigkeit notwendig
Start: Kleiner Parkplatz bei dem Funkmast am Waldrand hinter Kreut, Zufahrt zur Glentleiten von Großweil
Verlauf: Parkplatz (800 m) – Straßengabelung (876 m) – Waldsattel (1256 m) – Rötelstein (1395 m)
Gehzeit / Anstiegsleistung: 3½ Std. / 600 Hm

Heimgarten und Herzogstand

EIN ABSOLUTER KLASSIKER

Heimgarten und Herzogstand braucht man dem Wandervolk in Bayern nicht vorzustellen. Fast gleich hoch sind die beiden Alpenrandgipfel, die zwischen Kochel- und Walchensee stehen, beide berühmt für ihre Aussicht und beide – nicht unwichtig – mit einer bewirtschafteten Hütte in Gipfelnähe. Zwillinge in Stein? Nicht ganz, denn während sich der Heimgarten als lohnendes Ziel für gute, trittfeste Fußgänger präsentiert, ist der Herzogstand ans dicke Drahtseil gebunden, was an Schönwettertagen für (zu) viel Betrieb sorgt. Der Parkplatz drunten am Walchensee ist dann rappelvoll, am kurzen Weg zum Herzogstandhaus begegnet man einem sehr gemischten Publikum, jung und alt, hip oder flop. Da werden dann viele Selfies fällig, mit oder ohne Berge im Hintergrund.

NOSTALGIE AM BERG

Früher, also vor dem Digital-Zeitalter, schaukelte man im Einersessel, quer zur Fahrtrichtung sitzend (!), gemütlich hinauf zum Fahrenbergkopf, was die Besucherzahl technisch begrenzte, und ganz nebenbei angenehm nostalgische Empfindungen weckte, an die gute alte Zeit. Vor 25 Jahren kam das Aus für den Lift; heute befördert die Großkabinenbahn 30 Personen im Zehn-Minuten-Takt auf den Berg. Da kann es schon passieren, dass man im Herzogstandhaus ganz schön lange auf seine Hax'n warten muss ...

ZU FUSS STATT MIT DER SEILBAHN

Es geht aber auch anders, im Wortsinn: andersherum. Mit dem Aufstieg zu Fuß, von Walchensee zum Heimgarten, wo dann im Gipfelhütterl eine erste Rast fällig wird. Der Wirt schenkt gerne ein Bier aus, auf ein zweites verzichtet man aber besser. Der Gratweg hinüber zum Pavillon am Herzogstand ist nämlich schmal, auch recht felsig. Da kann ein Fehltritt, wenn's ganz dumm läuft, unvermittelt vom Dies- ins Jenseits führen. Also Vorsicht!

Drüben am herzoglichen Gipfel hat man dann wieder sicheren Boden unter den Füßen. Hier ist für die meisten, die von der Seilbahnstation heraufkommen, der Umkehrpunkt. Ein AV-Schild warnt unmissverständlich vor dem Weiterweg Richtung Heimgarten: Nur für Geübte! Der Abstieg zum Herzogstandhaus dagegen gestaltet sich

Der Herzogstand ist – wie der Jochberg – ein Gipfel zwischen den Seen: im Norden der Kochel-, auf der Südseite der Walchensee. Letzterer ist mit einer Fläche von 16,4 Quadratkilometern der größte inneralpine See Bayerns.

völlig ungefährlich, weil komfortabel breit angelegt, in weiten Schleifen zwischen den Latschen verlaufend und wenig steil. Die Jagdgesellschaften kamen schließlich nicht zu Fuß, sondern hoch zu Ross. Maximilian II., der das Revier am Herzogstand sehr schätzte, ließ den Weg bauen, auch die drei kleinen Pavillons auf den umliegenden Gipfeln (von denen nur noch jener auf dem Herzogstand existiert).

EIN ZEICHNER UND EIN SKIPIONIER

Die große, sonnige Terrasse des Herzogstandhauses bietet Aussicht auf einen Zipfel des Walchensees und auf fast alle Karwendelgipfel, vom Dalfazer Joch bis zur Nördlichen Linderspitze. Ein historisches Panorama informiert Wissenshungrige über Namen und Höhen der vielen Gipfel am südlichen Horizont. Die ungemein detailreiche Darstellung stammt von dem Münchner Rudolf Reschreiter; sie entstand Anfang des 20. Jahrhunderts. Vergessene Kunst im Digitalzeitalter?

Vergessen ist auch Karl Otto (1861–1948), dabei gelang dem Münchner Epochales. 1885 entdeckte er in der Zeitschrift »Die Gartenlaube« die Darstellung eines skilaufenden Norwegers. Das machte ihn neugierig, und so ließ er sich von einem Wagner ein Paar Skier aus Lindenholz fertigen. Mit denen stieg er dann an einem Januartag 1890 auf den Heimgarten. Felle kannte man damals natürlich noch nicht, und so band sich der findige Mann Zweige unter die Laufflächen. Oben trug er sich ins Gipfelbuch ein, dann rutschte und fuhr er auf seinen Brettern wieder hinunter ins Tal. Eine echte Sternstunde des Alpinismus, diese erste Bergbesteigung auf Skiern!

Unser Weg führt auch zurück ins Tal. Wir nehmen aber nicht die Bahn, sondern steigen über den schön angelegten Serpentinenweg hinab nach Walchensee. Die Schatten werden schon länger, ein paar Wolken ziehen von Norden herein. Wie wir unten an der Seilbahnstation ankommen, ist der Parkplatz schon fast leer. Dafür wird's wohl auf der A 95 Richtung München recht voll sein ...

 TOURENSTECKBRIEF

Charakteristik: Spannende Zwei-Gipfel-Tour, am Übergang vom Heimgarten zum Herzogstand felsige Passagen, teils ziemlich ausgesetzt (Sicherungen)
Start: Parkplatz an der Talstation der Herzogstand-Seilbahn in Walchensee
Verlauf: Parkplatz (804 m) – Ohlstädter Alm (1413 m) – Heimgarten (1791 m) – Herzogstand (1732 m) – Herzogstandhaus (1573 m) – Parkplatz
Gehzeit / Anstiegsleistung: 6 Std. / 1150 Hm
Variante: Bergstation Herzogstandbahn (1600 m) – Herzogstandhaus – Herzogstand – Heimgarten – Ohlstädter Alm – Parkplatz Walchensee (4 Std.)

Im Winter legt sich der Steinbock ein dunkleres Fell zu, das
ihn mit seiner dichten Unter-
wolle und den Deckhaaren
vor eisiger Kälte schützt. Auch
das im Sommer angefressene
Fett hilft ihm, gut über die
kalte Jahreszeit zu kommen
(oben).
Nur noch ein paar Meter zum
Gipfel des Heimgartens. Blick
auf den Herzogstand; rechts
in der Tiefe der Walchensee
(links).

EIN SCHÖNER AUSSICHTSGIPFEL

Rolf, der den Nachnamen Simmen trägt, ist Schweizer und im Schatten hoher Berge mit Blick auf die Finanzmetropole Zürich aufgewachsen. Er reist gerne und sieht sich als polyglotter Eidgenosse, der auch mal abgelegene Winkel unseres Planeten erkundet. Kleinere Ausflüge führen ihn öfters nach Osten, für einen Besuch bei mir, einem Schweizer, der in Bayern als »Zuagroaster« gilt, im Land Tells dagegen ein Ausgewanderter ist. Wir machen dann gern eine Bergwanderung zusammen. Und weil Rolf auf der Landkarte einen Berg entdeckt hat, der sozusagen mit ihm verwandt ist, geht's diesmal auf den Simetsberg. Meinen zaghaften Einwand, ich wüsste da ein paar interessantere Ziele, will er nicht gelten lassen: der sture Eidgenosse.

AUF DEN SIMETSBERG

Nichts gegen Rolf und seinen Berg. Wir frühstücken gemütlich und fahren los, am Alpenrand entlang nach Kochel und durchs Kurvenkarussell des Kesselbergs zum Walchensee. Am südlichen Horizont stehen die Karwendelketten Parade, viel Felsgrau, weiter nach Westen dann mehr Waldgrün: der Simetsberg, 1840 Meter Scheitelhöhe. Der Wanderparkplatz bei Obernach ist noch fast leer, als wir eintrudeln. Die Sonne steht rechts über der Benediktenwand, heizt uns beim Anstieg am Ostfuß unseres Berges schon ein bisschen ein. Ab und zu bietet sich ein Rückblick auf den Walchensee: ein stiller Spiegel im Morgenlicht.

»Schön«, findet Rolf, und ich muss ihm recht geben. Wann war ich das letzte Mal hier? Ist schon eine ganze Weile her, das Wetter war damals eher mau, und zum Gipfel hin lagen noch Schneereste vom vergangenen Winter.

An der markierten Abzweigung verlassen wir die breite Sandstraße und folgen dem Weg, der zügig an dem licht bewaldeten Hang ansteigt. Die Bäume stehen uns zwar vor der Aussicht, was schade ist, sie spenden zum Ausgleich etwas Schatten. Wir schwitzen trotzdem ordentlich. An einer abgestorbenen Buche, dick, aber lediglich noch ein paar Meter hoch, kleben graue Zunderschwämme. Die, so weiß Rolf, haben ihren Namen nicht zu Unrecht. Die mehrjährigen Pilze wurden schon im Neolithikum als Zunder verwendet, weil sich so Glut längere Zeit erhalten ließ. »Wie beim Osterfeuer«, fällt mir ein, »das mit einem Zunderschwamm nach Hause gebracht wird. Ein alter Brauch in Bayern.«

Spuren im Schnee. Der Weg zum Simmetsberg verläuft zuletzt über offene Wiesenhänge und durch Latschengassen.

SIMMEN UND SEIN BERG

An der Simetsberg-Diensthütte kommen wir endlich aus dem Wald. Und jetzt zeigt sich auch unser Tourenziel. Kurze Rast vor dem Finale. Rolf schält eine Banane, ich gönne mir einen kräftigen Schluck Isotonisches. Eine Dreiviertelstunde später sind wir oben: Shakehands, super! Ich denke mir: Zwei ältere Herren im Höhenrausch. Meine Heimatberge haben sich für den Besuch aus der Schweiz jedenfalls sauber herausgeputzt. Ich suche den Horizont mit meinem Fernglas ab, entdecke so manchen alten Freund. Gipfelschauen als Zeitreise. Ziemlich genau im Osten entdecke ich den Guffert; rechts davon müsste sogar der ganze Stolz von Felix Austria zu sehen sein: der Großglockner, stattliche 3798 Meter hoch. Der ziert sich, lässt sich heute nicht bestaunen, dafür prunkt im Südwesten die Zugspitze – noch so ein nationaler Rekordhalter. Sie soll ja ein Geschenk des österreichischen Kaisers Franz Joseph an die bayerische Prinzessin Sissi gewesen sein. »Damit's auch an richtigen Berg habts.« Anbandeln auf hoher Ebene? Die Geschichtswissenschaft weiß es besser: Alles nur ein (hübsches) Gerücht ...

Rolf ist zufrieden. Mit seiner Leistung, dem Wetter und dem Panorama. Ein bisschen anstrengend war's schon, zum Gipfel hin spürt man die Last der Jahrringe halt ein wenig. Er verewigt sich im Gipfelbuch, gibt sich darin natürlich auch als Schwei-

Blaue Stunde am Simetsberg, am Schlussanstieg unter dem Gipfel. In der Tiefe der Walchensee.

Vom Simetsberg hat man freie Sicht auf die Karwendelketten. Drei Viertel des rund 1200 Quadratkilometer großen Gebirges sind Naturschutzgebiet.

zer zu erkennen. Da wird sich jemand wundern, was der Simmen auf dem Simetsberg verloren hat.

Ich hab' eine zündende Idee. »Nächstes Jahr«, verspreche ich, »machen wir eine Gipfeltour in der Schweiz. Und ich weiß auch schon wohin.« »Uf's Matterhorn?«, lacht Rolf. »Nein, auf die Simmenfluh!«

Abgemacht, mit Handschlag. Der Berg steht über dem Thunersee im Berner Oberland und ist gerade mal 1420 Meter hoch. Fast ein Zwerg neben dem Simetsberg.

TOURENSTECKBRIEF

Charakteristik: Wenig schwierige Gipfeltour, teilweise steile, raue Wege; etwas Kondition erforderlich
Start: Wanderparkplatz bei Obernach an der Straße vom Walchensee nach Wallgau
Verlauf: Parkplatz (810 m) – Wegabzweig (ca. 1100 m) – Diensthütte (ca. 1600 m) – Simetsberg (1840 m)
Gehzeit / Anstiegsleistung: 5 Std. / 1030 Hm

WESTSÜDWEST –
DAS WERDENFELSER LAND

Krottenkopf

DER HÖCHSTE IM ESTERGEBIRGE

Verkannte Schönheiten. So was gibt es auch in den Alpen, sogar in Topregionen. Ein gutes Beispiel ist das Estergebirge, das sich zwischen Garmisch-Partenkirchen und dem Walchensee – zwei Hotspots des Bayerntourismus – erhebt. Unübersehbar zwar, aber dennoch für viele Terra incognita: zu weite Anstiege, keine alpinen Sensationen. Man fährt halt vorbei, auf dem Weg zur Zugspitze vielleicht.

Wer lieber Bäume zählt als Ausflügler und zu zweit gut allein sein kann, fühlt sich im Estergebirge garantiert wohl. Die westseitigen Anstiege aus dem Loisachtal herauf sind durchwegs sehr steil und konditionell anspruchsvoll, das Gelände ist schroff und felsdurchsetzt. Wer in Krün oder Wallgau startet, muss sich gedulden, bis er aus dem Wald herauskommt, der weite Teile der eher sanft abfallenden Süd- und Ostflanke des Massivs bedeckt.

DAS ESTERGEBIRGE

Geologisch gehört das Estergebirge zu den Nördlichen Kalkalpen; es besteht im Wesentlichen aus Hauptdolomit, dem teilweise jüngerer Plattenkalk aufliegt. Letzterer neigt stark zu chemischer Verwitterung, was sich sehr schön südlich der Hohen Kisten, im Bereich des Michelfeldes, beobachten lässt: ein Karstplateau fast wie aus dem Lehrbuch! Das hier in Klüften und Spalten versickernde Wasser tritt ein paar Kilometer weiter südwestlich hoch über dem Loisachtal wieder zutage: an den Kuhfluchtfällen. Die bieten vor allem im Frühling, während der Schneeschmelze im Gebirge, ein beeindruckendes Schauspiel. Bis zu 2000 Liter Wasser pro Sekunde stieben über die Felsen in die Tiefe! Die gesamte Höhe der drei Fälle beträgt 270 Meter. Ihr etwas eigenartiger Name hat übrigens nichts mit den milchproduzierenden Vierbeinern zu tun; er leitet sich wahrscheinlich von dem lateinischen Wort confluctum ab, was so viel wie Zusammenfluss bedeutet, in diesem Fall von Loisach und Kuhfluchtbach. Von Farchant kann man in knapp einer Stunde auf einem guten Weg zu den zentralen Fällen aufsteigen – vor allem im Frühsommer (Schneeschmelze) ein echtes Erlebnis!

Wenig oberhalb der Karstquelle befindet sich der Eingang zur Frickenhöhle. Sie ist über zweieinhalb Kilometer lang und wohl Teil eines riesigen, bis heute weitgehend unerforschten Systems unter den Hauptgipfeln des Massivs: das Reich der Finsternis oder dark mountains.

Während die Sonne am östlichen Horizont erscheint und das Zugspitzmassiv zartrosa anmalt, bereitet der Vollmond seinen Abgang hinter dem höchsten Berg Bayerns vor. Logenplatz dieses faszinierenden Schauspiels: der Jochberg. △△

Licht und Schatten, Schnee, dunkle Wälder und ziehende Wolken: Crescendo am Krottenkopf (oben).
Die Kuhfluchtfälle werden aus dem löchrigen Bauch des Estergebirges gespeist. Nach starken Niederschlägen oder während der Schneeschmelze stürzen manchmal über 2000 Liter Wasser pro Sekunde in die Tiefe (unten).

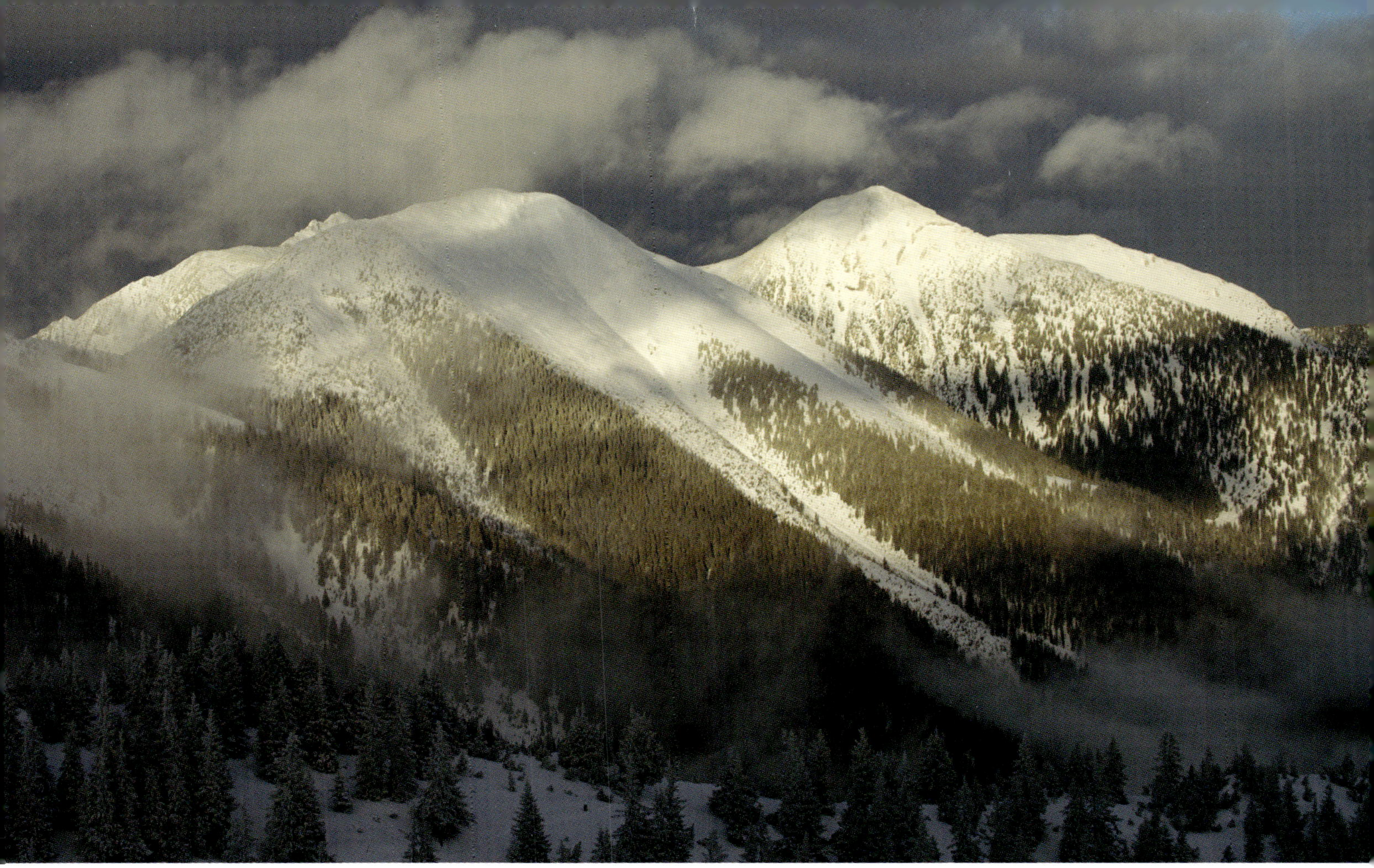

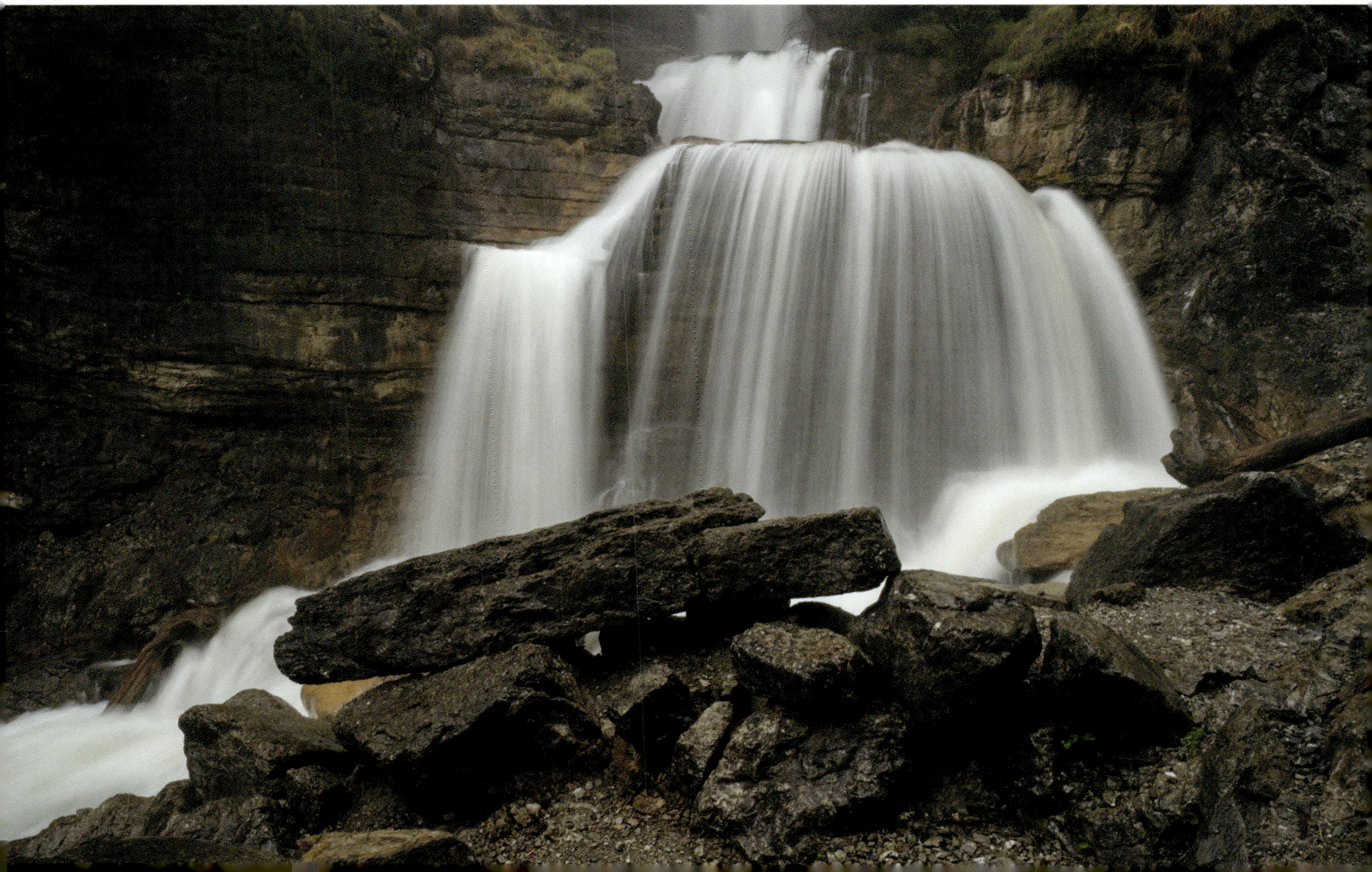

ZUM SONNENAUFGANG AUF DEN KROTTENKOPF

Oben auf den Bergen ist es heller, sogar nachts, sofern die Sterne blinken. Dann kuschelt man sich in der Weilheimer Hütte – dem einzigen Stützpunkt im Estergebirge neben dem Wankhaus – gerne in seinen Schlafsack und träumt dem Morgengrauen entgegen. Wer rechtzeitig aus den Federn kommt und eine Stirnlampe dabeihat, kann den Sonnenaufgang oben am Krottenkopf erleben – falls das Wetter mitspielt. Dann bietet sich vom höchsten Punkt des Massivs eine schier uneingeschränkte Rundschau, die in einem weiten Bogen vom Großglockner bis zu den Allgäuer Alpen reicht.

EIN BERGTRAUM

Gut einen Kilometer unter den Fern-Sehern liegt im Südosten die schönste und größte Alpenbühne Bayerns: die Mittenwalder Buckelwiesen. Hier wird das ganze Jahr über das gleiche Stück gegeben, aber immer in anderem Licht, in neuen Farben: mal saftig grün unter weiß-blauem Himmel, mal tief verschneit und an ein paar Tagen auch grau und trist. Die Hauptdarsteller: Karwendel, Wetterstein und Estergebirge. Da frage ich mich: Weshalb ist eigentlich noch nie jemand auf die Idee gekommen, auf dieser Naturbühne mit freier Sicht auf einige der schönsten Gipfel weitum ein Theater aufzu-

Zentraler Stützpunkt im Estergebirge ist die hoch gelegene Weilheimer Hütte, eine gute halbe Gehstunde unter dem Krottenkopf.

Lichtspiele: Die Gipfel des Estergebirges sind tief verschattet, das Zugspitzmassiv steht im Sonnenlicht.

führen: »Unsere Bergheimat«? Da schauen sie dann alle zu, die steinernen Zaungäste, sogar einige aus dem benachbarten Tirol, und hoch am nördlichen Himmel hängt das elegante, weitgespannte Zeltdach des Krottenkopfs.

 TOURENSTECKBRIEF

Charakteristik: Große Tour auf teilweise steilen und rauen Wegen; Übernachtung in der Weilheimer Hütte empfehlenswert
Start: Farchant (672 m)
Verlauf: Farchant – Oberauer Steig – Weilheimer Hütte (1946 m) – Krottenkopf (2086 m) – Weilheimer Hütte – Hoher Fricken (1940 m) – Kuhflucht-Wasserfälle – Farchant
Gehzeit / Anstiegsleistung: 9½ Std. / 1640 Hm

Hoher Ziegspitz

VERGESSENES JUWEL

Manche Berge sind wohl einfach zu einem Schattendasein verurteilt. Kaum jemand verirrt sich dahin, Vierbeiner wie Gämsen und Rotwild genießen die paradiesische Ruhe (wenn nicht gerade Jagdzeit ist), das Gras wächst fast kniehoch, Latschen machen ein Weiterkommen gelegentlich unmöglich, und der Weg ist in dem wuchernden Grün oft schwer zu finden. Abenteuer Alpen.

ALTE WEGE

Die Ammergauer Alpen bilden ein ideales Terrain für passionierte Fährtensucher. Sie galten beim bayerischen Hochadel als erstklassiges Jagdrevier, und da Wittelsbacher & Cc. sich nicht gerne durchs Unterholz quälten, musste eine ordentliche Weidmanns-Infrastruktur her: Reit- und Fußwege, Hochstände, Jagdhütten. Vieles davon ist mittlerweile – wie die Feudalherrschaft – Geschichte, mit etwas Glück und Erfahrung sind die alten Wege da und dort aber noch aufzuspüren. Beispielsweise am Hohen Ziegspitz, der ganz im Schatten des benachbarten Kramers steht.

Und der Zugspitze. Die ist natürlich von ganz anderem Format, ächzt dafür ordentlich unter dem Besucheransturm. Damit der auch weiter zunehme, hat man dem geschundenen Berg jüngst eine Seilbahn der Superlative verpasst. Noch mehr Besucher sorgen nun verlässlich dafür, dass der höchste Gipfel Deutschlands in Shanghai fast so bekannt ist wie in Niederbayern – klick, klick!

HEILE BERGE?

Und der Wanderer am Hohen Ziegspitz? Ihm bleibt nur eines: zuschauen. Das macht aber garantiert mehr Freude, als auf der Zugspitze den heftigen Kontrast zwischen der Enge des total zubetonierten Gipfels und der Weite des Horizonts zu erfahren, inmitten eines babylonischen Sprachgewitters.

Aus respektvoller Distanz – knapp zehn Kilometer – gewinnt der gewaltige Berg seine Würde zurück, sieht er fast so aus wie zu jener Zeit, als noch nie ein Mensch seinen Gipfel betreten hatte, als sich noch keine Bohrmaschinen durch seinen Fels fraßen, keine dicken Drahtseile gespannt waren. Heile Bergwelt?

Für den Ziegspitz gilt das, wenn auch mit kleinen Einschränkungen. Der lange, aber nie langweilige Aufstieg startet auf einer breiten Sandstraße, die man nach

zwei Kilometern nach rechts verlässt. Höher am Hang, bei einer Schuttreiße, wird dann aus dem Rückeweg ein gerade doppelt fußbreiter Pfad, der, allmählich an Höhe gewinnend, die Südflanke des Grießberges ostwärts zur gleichnamigen aufgelassenen Alm quert. Ein idyllischer Platz, weltverloren, still. Da hockt man vor der Hüttenwand, vor sich das Zugspitzmassiv. Und staunt vielleicht, wie wandelbar der Bergstock ist. Früh am Tag verleiht das tiefstehende Licht der Nordfront ein markantes Profil; ist es diesig, verwandelt sich die Zugspitze in eine Theaterkulisse, blau und passend zur »Alpensinfonie« des Richard Strauss. An sonnigen Herbsttagen dann, wenn Garmisch unter einer Nebeldecke liegt, schwebt das Felsmassiv scheinbar schwerelos über der Alltagswelt.

Beim anschließenden Steilanstieg zum Rauhenstein werden dafür die Beine ziemlich schwer: 300 Höhenmeter wandern vertikal. Der Rest ist eine erholsame Kammwanderung mit viel Aussicht: auf Teile der Ammergauer Alpen, zum Wetterstein, ins Karwendel und westwärts bis ins Allgäu. Am Gipfel muss man sich dann entscheiden, wohin die Reise gehen soll: via Rotmoosalm zurück zum Ausgangspunkt oder – ziemlich verlockend – über die bewirtschaftete Stepbergalm hinab nach Grainau.

In der Senke zwischen Ziegspitz und Kramer liegt die Stepbergalm, beliebte Einkehr bei Touren in dieser Region.

Ammergauer Nachbarschaft des Hohen Ziegspitz: in der ersten Reihe Friederspitz und Frieder, dahinter der hohe Grat der Kreuzspitze.

TOURENSTECKBRIEF

Charakteristik: Leicht abenteuerliche Runde, Anstieg größtenteils nicht markiert; ordentliche Kondition und Trittsicherheit unerlässlich; ideal für die Orientierung: die AV-Karte BY 7

Start: Parkplatz Ochsenhütte (803 m) an der Straße von Garmisch-Partenkirchen nach Griesen

Verlauf: Parkplatz – Elmaustraße – Ziehweg – Hangpfad – Grießbergalm (1428 m) – Rauhenstein – Hoher Ziegspitz (1864 m) – Sattel (1661 m) – Rotmoosalm (1193 m) – Elmaustraße – Parkplatz

Gehzeit / Anstiegsleistung: 6 Std. / 1180 Hm

Höllental und Reintal

HIMMEL ODER HÖLLE?

Nirgends sind die Bayerischen Alpen größer, höher als im Wetterstein. Um ziemlich genau 2200 Meter überragt das vergoldete Kreuz auf der Zugspitze jenes, das die alte Pfarrkirche St. Martin in Garmisch krönt. In der Nacheiszeit, bis vor etwa 3500 Jahren, war die Zugspitze – heute mit 2962 Metern vermessen – sogar noch ein ganzes Stück höher, ein richtiger Dreitausender. Doch als sich der Permafrost zurückzog, brachen zwischen 300 und 400 Millionen Kubikmeter Fels aus der Nordwand. Teile dieser gewaltigen prähistorischen Trümmermasse bilden heute die pittoresken Inselchen im Eibsee.

Die Topografie des Wettersteins verzeichnet drei lang gestreckte Kämme, die auf den Hauptgipfel zulaufen. Dazwischen eingebettet sind zwei tiefe, lange Täler: das Höllental und das Reintal. Mit etwas Fantasie könnte man sie als alpine »Zwillinge« bezeichnen. Beide sind in den Gipfellagen (noch) vergletschert, das Eis schwindet allerdings zunehmend, sowohl jenes des Höllentalferners als auch das des Schneeferners; beide Täler verengen sich im Mündungsbereich zu spektakulären, durch kühn angelegte Stege zugängliche Schluchten. Fast auf der gleichen Höhe stehen am Höllentalanger und am Reintalanger Alpenvereinshütten, Wanderziele und Stützpunkte am Weg zur Zugspitze.

DIE HÖLLENTALKLAMM

Es stiebt und gurgelt, das Wasser macht Lärm, es tropft von der Stollendecke, läuft an den Felsen herunter. Eine wahrhaft höllische Inszenierung, die der Hammersbach da aufführt. Dass wir diese Wasserspiele erleben dürfen, ist der Weitsicht von Adolf Zoeppritz zu verdanken. Der langjährige Vorsitzende der örtlichen AV-Sektion initiierte den Bau des Klammsteges.

Das Unterfangen erwies sich allerdings als sehr schwierig. Die Arbeiter mussten tief in die Schlucht abgeseilt werden, um Löcher für die Verankerungen des Weges zu bohren und Felsen wegzusprengen. 2500 Kilogramm Dynamit kamen zum Einsatz, 14 Tonnen Eisen und 140 Zentner Zement wurden verbaut, 750 Meter Drahtseil verlegt. Nach drei Jahren war das Werk vollendet, und am 15. August 1905 fand die feierliche Eröffnung statt. Garmisch hatte eine weitere Attraktion – und das Höllental endlich einen direkten Zustieg.

Wasserkraft. In vielen Jahrtausenden hat sich das Schmelzwasser des Höllentalgletschers tief ins Kalkgestein gegraben. Zu Anfang des 20. Jahrhunderts wurde das Naturwunder für den Tourismus zugänglich gemacht – mit großem Aufwand. Eine feuchte Angelegenheit ist der Gang durch die Höllentalklamm bis heute geblieben …

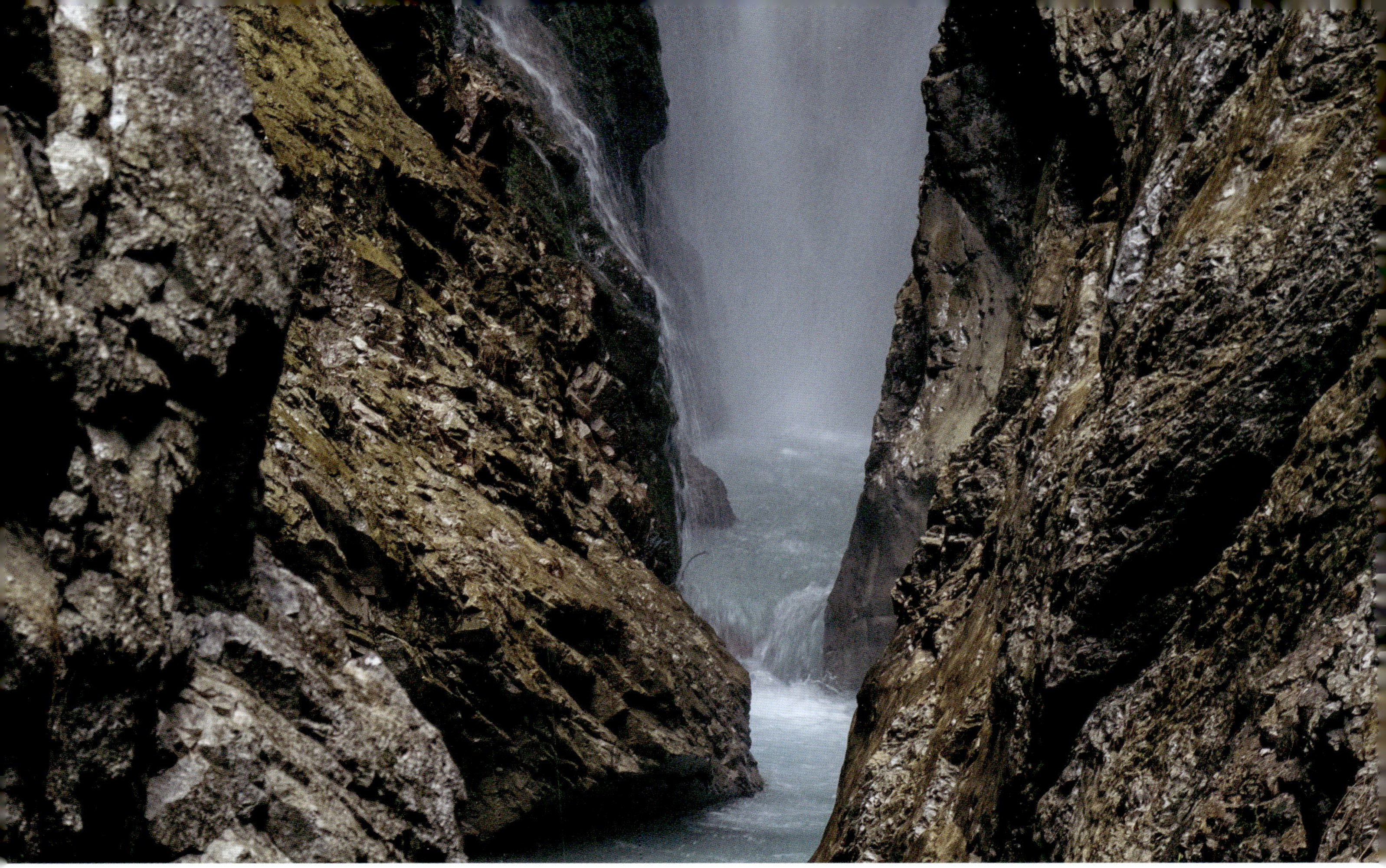
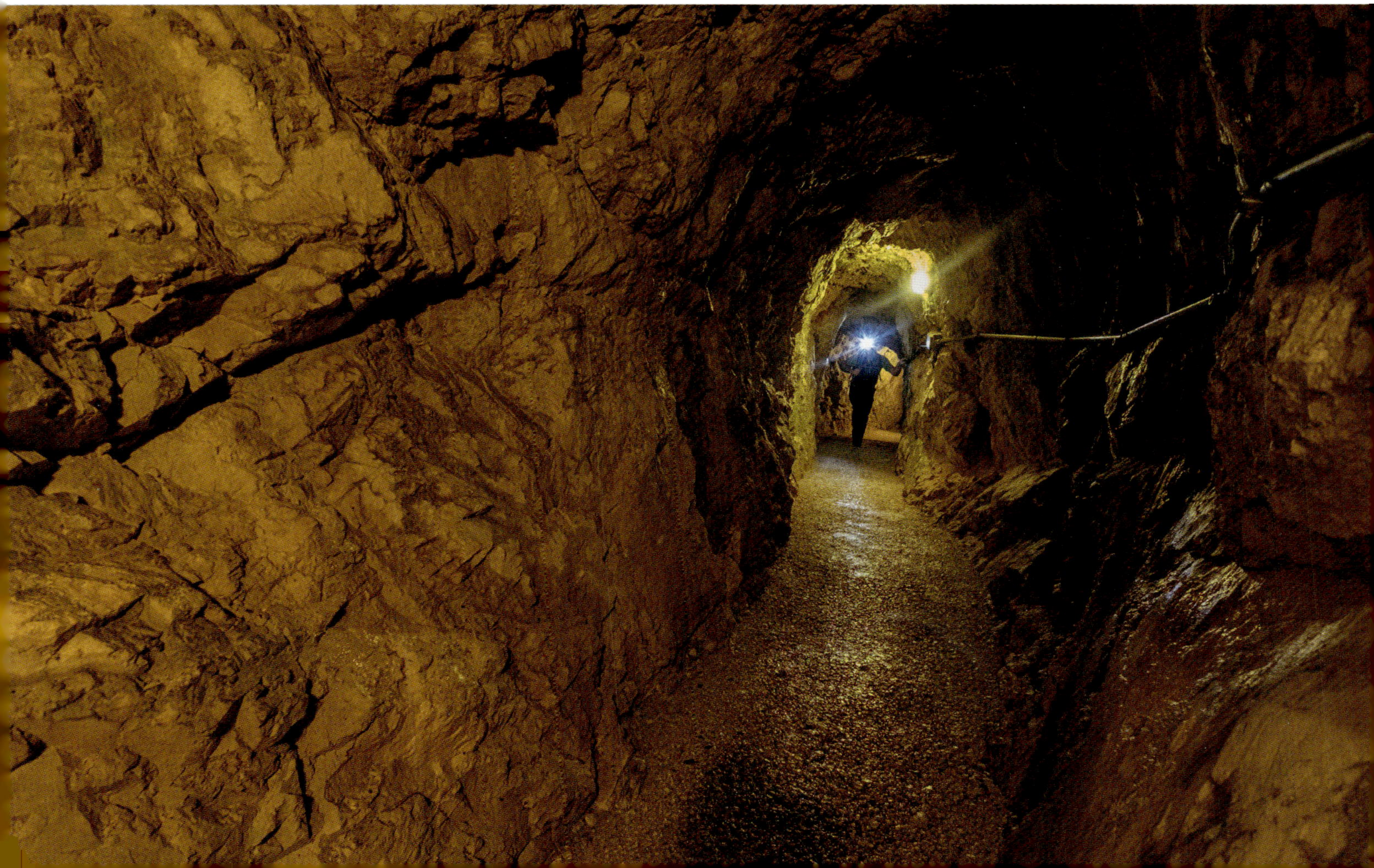

NEUES BAUEN IN DEN BERGEN

Wir sind ordentlich abgespritzt worden in der Klamm, was nicht weiter verwundert zur Zeit der Schneeschmelze. Die Sonne steht aber freundlicherweise schon hoch am Himmel, wärmt gut und trocknet uns ab. Wir folgen dem bunten Tatzelwurm auf dem steinigen Weg weiter taleinwärts zur neuen Höllentalangerhütte. Das alte Haus musste vor ein paar Jahren weichen, der Neubau findet nicht nur Zustimmung. Uns ist zu viel Betrieb rund um den Flachdachbau, der – trotz des reichlich verwendeten Holzes – vielleicht erst noch einwachsen muss in die Landschaft und in die Köpfe der Bergsteigergemeinde ...

IM HERZEN DES WETTERSTEINS

Ein alpiner Stützpunkt, der längst zu einem Teil der Wetterstein-Landschaft geworden ist, spätestens seit der Zeit von Charly Wehrle als Hüttenwirt, steht am Reintalanger, vier Gehstunden fern von dem Olympiaort. Doch der Weg zur Quelle der Partnach ist mehr als nur eine Wanderung, schon fast eine Alpensinfonie, mit meinen Schritten als Taktgeber. Den fulminanten Auftakt macht die wilde, wasserdurchtoste Partnachklamm – Zarathustra lässt grüßen. Nach einem stilleren – piano, piano – Zwischenakt, der viel Zeit zum Schauen und Genießen bietet und die Verwandlung einer Landschaft von idyllisch zu monumental erleben lässt, folgt das Finale. Da weitet sich am Anger das Hochtal zu einem Amphitheater, das den Menschen noch kleiner, die Berge noch größer erscheinen lässt. War's eine Zauberhand, die diese Kulisse schuf? Nur das spielerisch leise Gurgeln des Bachs dringt an dein Ohr, während du zuschaust, wie die

Wandern im Wettersteingebirge (links); so eine Brotzeit schmeckt immer (Mitte); ein idyllischer Platz: der Reintalanger mit seiner Hütte (rechts).

Sonne die höchsten Zacken und Grate umschmeichelt, bevor sie sich für diesen Tag verabschiedet, der Dämmerung ihren Platz überlässt. Die letzten Takte noch, dann blinken schon die ersten Sterne am Himmel.

Der Reintalanger: ein grüner Boden, ein paar Bäume, darüber Felsgrau, mal grob behauen, mal fein ziseliert, zur Zugspitze hin ein Geröllhang, Hinterlassenschaft des eiszeitlichen Gletschers. Ganz fern sind da Hektik, Stress und alltäglicher Irrsinn. Der Reintalanger: ein magischer Ort, für mich der schönste in den Bayerischen Alpen.

PS: Richard Strauss, dem wir sowohl den »Zarathustra« als auch die »Alpensinfonie« verdanken, lebte viele Jahre bis zu seinem Tod 1949 in einer Villa in Garmisch-Partenkirchen, mit Blick auf die Gipfel des Wettersteins.

 TOURENSTECKBRIEF

Charakteristik: Lange, dadurch recht anstrengende Talwanderung auf komfortablen Wegen, am schönsten natürlich mit einer Nacht auf der Reintalangerhütte
Start: Parkplatz in Garmisch-Partenkirchen bei der großen Skisprungschanze
Verlauf: Parkplatz (731 m) – Partnachklamm – Bockhütte (1052 m) – Reintalangerhütte (1369 m)
Gehzeit / Anstiegsleistung: 6½ Std. / 680 Hm

Was für eine Felsmauer! Die steinerne Phalanx der Höllentalspitzen über dem Reintalanger. ▽▽

Schachen

EIN KÖNIGLICHER PLATZ

Vom Weg zur Meiler-
hütte bietet sich ein
faszinierender Tief-
blick auf das Schachen-
haus und König Ludwigs
Alpen-Chalet, wo er –
fern der Stadt München –
gerne seinen Geburtstag
feierte.

Über Geschmack kann man streiten, das wissen wir. Im Fall von Ludwig II. fällt einem
das besonders leicht. Seine Prachtbauten sind Hotspots des bayerischen Tourismus,
und ein Selfie mit dem Schloss Neuschwanstein gilt in der weltweiten Community fast
so viel wie »Ich und der Eiffelturm«. Dazu passt ganz gut, dass der »Märchenkönig«
ein glühender Verehrer seines Namensvetters auf dem französischen Thron war. Für
Louis XIV. war Paris der Nabel seines Universums, Ludwig II. dagegen liebte die Berge.
Es ist ja auch kein Zufall, dass seine Prachtbauten nicht in der (von ihm gehassten)
Landeshauptstadt stehen, sondern am Alpenrand und mitten im Gebirge. Bei der
Wahl geeigneter Örtlichkeiten für seine Großbaustellen bewies der König ein absolut
sicheres Gespür. Der Rahmen – so befand er zu Recht – ist so wichtig wie das Bild.
Und in die schönste Kulisse setzte er das kleinste seiner Häuser: den Schachen, seine
Berghütte.

DAS KÖNIGSHAUS AM SCHACHEN

In dem schlicht wirkenden Bau, einem Schweizer Chalet nachempfunden, feierte er all-
jährlich seinen Geburtstag (der gleichzeitig sein Namenstag war), erstmals am 25. August
1872. Auf eine ziemlich verschrobene Art. Das Obergeschoss des Mini-Schlösschens ließ
er nämlich nicht, wie man vermuten könnte, in alpenländischem Stil einrichten, sondern
als »prachtvollen maurischen Saal mit Divans u. Springbrunnen, Fenstern aus vielfarbi-
gem Glas« (Th. Trautwein, 1914). Ludwig pflegte dann ein Sultansgewand anzuziehen,
und auch seine Diener hatten sich entsprechend zu verkleiden, mit Pfauenfedern zu
wedeln und Mokka zu schlürfen, während Räucherpfannen den betäubenden Duft des
Orients verbreiteten. Seinen Türkischen Saal hatte der junge, wohl von Fernweh geplagte
Ludwig 1840 in einer englischen Publikation entdeckt. Selim III., Auftraggeber und Sul-
tan des Osmanischen Reichs an der Wende vom 18. zum 19. Jahrhundert, lieferte so auf
Umwegen die Vorlage für eine Berghütte in den Bayerischen Alpen. Kurios.

    Heute pilgern jeden Sommer Königstreue und ergraute 68er, Kinder des Digi-
Zeitalters und E-Biker aller Altersstufen hinauf zum Schachen. Was für ein Erlebnis!
Tosende Wasser in der Partnachklamm, grandiose Felsbauten am Wetterstein und
als finales Bild das ummauerte innere Reintal bis hinauf zur Zugspitze. Vor allem im
Frühsommer – der Blütezeit! – ist am Schachen ein Besuch des um 1900 angelegten

Alpengartens Pflicht. Und natürlich lässt man sich gerne im Schachenhaus, dem ehemaligen Gesindehaus, zu einer bayerischen Brotzeit verführen. Wer in Garmisch-Partenkirchen oder Elmau gestartet ist, kommt garantiert mit einem ordentlichen Hunger auf dem Schachen an. Der König bestieg im Tal standesgemäß sein Pferd, das ihn dann auch brav auf den Berg trug. Zum letzten Mal war er anlässlich seines Geburtstags 1885 heroben. Bei dieser Gelegenheit erfuhr Ludwig, dass sich eine Pleite kaum mehr abwenden ließe, sein Schuldenberg wegen der Prunkbauten mittlerweile auf 14 Millionen Mark angestiegen sei – eine horrende Summe damals. Kein Jahr später wurde er entmündigt, wenige Tage danach fand der »Märchenkönig« im Starnberger See den Tod. Und ein Märchen sein trauriges Ende.

DIE HÜTTE DES LEO MEILER

Wer am Schachen noch höher hinaufwill, findet in der Meilerhütte ein ideales Ziel: 2372 Meter hoch liegt sie, nur ganz wenige Schritte von der Grenze zu Tirol entfernt, also sozusagen zwischen Deutschland und Österreich, heute zwischen EU und EU. Und zwischen den Dreitorspitzen und der Wettersteinwand. Da finden sich für geübte Kletterer dankbare Ziele gleich en masse. Möglich wurde der Hüttenbau Ende des 19. Jahrhunderts

Direkt an der Grenze zwischen Bayern und Tirol steht die 1909–1911 erbaute Meilerhütte.

Sonnenaufgang an der Meilerhütte. Noch im Morgenschatten: die Törlspitzen und die Wettersteinwand.

durch einen solventen Gönner, Leo Meiler, der auch den Zugang von der Leutasch herauf anlegen ließ. Er brachte damit allerdings seine AV-Vereinsbrüder der Sektion Bayerland in arge Verlegenheit. Die Gruppierung war nämlich erst drei Jahre zuvor aus Protest gegen den Bau des Münchner Hauses auf der Zugspitze gegründet worden. Ihr Credo: keine Hütten auf den Bergen, sauberer Alpinismus! Doch dann siegte die Macht des Faktischen – und so schlecht war das ja auch nicht. Immerhin profitiert die Bergsteigergemeinde noch heute von der großzügigen Spende des Herrn Meiler ...

TOURENSTECKBRIEF

Charakteristik: Große Rundwanderung, teilweise steile Wege (Sicherungen); Trittsicherheit und Ausdauer wichtig, evtl. mit Übernachtung im Schachenhaus
Start: Olympiastadion in Partenkirchen (Parkplatz)
Verlauf: Parkplatz (731 m) – Partnachklamm – Bockhütte (1052 m) – Oberreintal – Schachenhaus (1866 m) – Kälbersteig – Partnachklamm – Parkplatz
Gehzeit / Anstiegsleistung: 8½ Std. / 1170 Hm
Variante: Aufstieg vom Schachen zur Meilerhütte und wieder zurück: 2½ Std / 500 Hm

DER WESTEN –
DIE AMMERGAUER ALPEN

Im Murnauer Moos

NATURERLEBNIS VOR DEN ALPEN

Crrex – crrex! Der knarrende Ruf ist weit zu hören, der Rufer selbst lässt sich allerdings nicht sehen. Das liegt nicht etwa daran, dass es gerade erst dämmert. Der Wachtelkönig, lateinisch Crex crex, ist ein scheuer Vogel; er spaziert bestens getarnt durch das hohe Gras, dabei stimmlich sein Revier markierend. Bei Störungen – wie etwa durch einen zweibeinigen Frühaufsteher – hebt er nicht gleich ab, sondern bleibt zunächst am Boden. Erst wenn ihm der Eindringling zu nahe kommt, fliegt er kurz auf.

Ich mag den Kranichvogel nicht weiter stören, genieße die kühle, würzige Luft, schaue nach dem Wolkenspiel am Himmel. Im Osten zieht ein nächtliches Gewitter ab, am südlichen Horizont schälen sich die Silhouetten der Alpenrandberge immer deutlicher aus dem Morgengrau. Lauter alte Bekannte stehen da, schön aufgereiht, von der Benediktenwand über Jochberg und Heimgarten bis zum hohen Kamm des Estergebirges und weiter zum Ettaler Manndl und zu den Hörnle-Gipfeln. Kein Mensch weit und breit, dafür eine paradiesische Ruhe.

Ein Morgen im Murnauer Moos. Mehr als nur eine Dosis Frischluft mit Alpenblick.

DAS GRÖSSTE MOOR MITTELEUROPAS

Mit einer Fläche von 32 Quadratkilometern ist das Moos das größte noch intakte Moorgebiet Mitteleuropas. Es besteht überwiegend aus Nieder- und Übergangsmooren, Quelltrichtern, Altwassern, Schilfflächen und Streuwiesen; bei einem Fünftel der Fläche handelt es sich um echte Hochmoore mit einer Torftiefe von bis zu 25 Metern. Die Moorheide ist Lebensraum für selten gewordene Pflanzen wie die Sibirische Schwertlilie, den Sonnentau, das Karlszepter, Moor-Binse und Moor-Steinbrech, mehrere Orchisarten und das Wanzen-Knabenkraut. Von den insgesamt 964 nachgewiesenen Pflanzenarten des Murnauer Mooses steht fast jede fünfte auf der Roten Liste, gilt also als bedroht!

In dem Biotop leben über 50 Arten von Libellen, darunter die Sibirische Winterlibelle (Sympecma paedisca), die Zwerglibelle (Nehalennia speciosa) und die Keilflecklibelle (Aeshana isoceles). Das Murnauer Moos gilt zudem als eines der bedeutendsten Wiesenbrütergebiete Süddeutschlands; beste Beobachtungszeit ist Mitte Mai bis Mitte Juni. Hier kann man mit etwas Glück (und einem Fernglas) den Schwarzmilan, das Blaukehlchen und den Berglaubsänger beobachten.

Am Pürschling hat man das ganze Graswangtal im Blick. Markant der felsige Doppelgipfel der Klammspitzen, links davon Hochplatte und Scheinbergspitze. △△

Moor, Wald, Fels, Eis und Schnee. Übers Murnauer Moos schaut man hinein ins Wettersteinmassiv. Links der Hochwanner, rechts die Alpspitze, hinter der sich der Hochblassen aufbaut.

Das Murnauer Moos verdankt seine Entstehung dem Wirken des Loisachglet-schers, der während der Würm-Eiszeit weit ins Alpenvorland hinausreichte und sich im Spätglazial, also vor 15 000 bis 20 000 Jahren, allmählich in die Alpen zurückzog, Rand- und Endmoränen zurücklassend. Zurück blieb auch eine tiefe, vom Eis ausgeho-belte Mulde. So bildete sich zunächst ein großer See, der durch den Gesteinseintrag aus den umliegenden Bergen allmählich verlandete. Diese Entwicklung ist bis heute nicht abgeschlossen; vor allem im nördlichen Teil des Moors gibt es noch größere Flä-chen von Schwingrasen, also einer auf dem Wasser schwimmenden Vegetationsdecke. Im Wurzelgeflecht des Schwingrasens entsteht Torf, der sich am Grund des Gewässers absetzt und so den Prozess der allmählichen Verlandung in Gang hält.

EIN VERSTECKTES IDYLL

Eine echte Kuriosität verbirgt sich im Rücken der Köchel, die als felsige Bergrücken im Süden des Murnauer Mooses bis zu hundert Meter aufragen: der Lange-Köchel-See. Es handelt sich um eine Hinterlassenschaft des industriellen Gesteinsabbaus, mit dem 1930 begonnen wurde. Bei den Sprengungen entstand eine rund 60 Meter tiefe und einen Kilometer lange Grube, die nach der Einstellung des Betriebs (2000) mit Grund-wasser volllief. Sämtliche Anlagen inklusive der Seilbahn nach Eschenlohe wurden abge-baut. Mittlerweile ist die hässliche Wunde weitgehend verheilt, hat sich die Brache zur Idylle gewandelt: tiefblau der See, viel Grün rundum. Auf dem Gelände ist wieder Ruhe eingekehrt, in den schroffen Felsabstürzen des Langen Köchels brüten Zugvögel, aus dem Wald rufen Kuckuck und Zilpzalp, im Frühling blüht hier der Bärlauch massenhaft.

Das Murnauer Moos aus luftiger Höhe, vom Hin-teren Hörnle (links); Trollblumen blühen im Moos von Mai bis Juli, gelegentlich auch ein zweites Mal spät im Herbst (Mitte); von Men-schen geschaffen: der Lange-Köchel-See.

EIN BODENFUND

Eine aufsehenerregende Entdeckung machten Archäologen im Eschenloher Moos, südlich der Köchel. Hier wurden 1996 die Reste einer römischen Straße freigelegt, die wohl im Zusammenhang mit der Rückkehr des Kaisers Claudius von seinem England-feldzug (43 n. Chr.) erbaut worden war. Die Via war immerhin fast fünf Meter breit und verlief schnurgerade von Eschenlohe nach Grafenaschau. Um sie in dem feuchten Untergrund stabil zu halten, wurde eine Unterlage aus Rundhölzern verlegt.

Das Murnauer Moos: weit mehr als nur eine Dosis Frischluft mit Alpenblick!

 TOURENSTECKBRIEF

Charakteristik: Wenig anstrengende Radlrunde, überwiegend auf Sandstraßen und Radwegen
Start: Parkplatz 250 m vor dem Gasthaus Ähndl beim Ramsach-Kircherl
Verlauf: Parkplatz – Murnauer-Moos-Rundweg – Lindenbach – Grafenaschau (656 m) – Schwaigener Straße – Langer Köchelsee – Weghaus – Loisach-Uferweg – Parkplatz
Fahrzeit / Distanz / Anstiegsleistung: 1½–2 Std. / 26 km / 100 Hm

Hörnle

HÜGEL AM ALPENRAND

Was für ein Felsklotz! Die Zugspitze, vom Hinteren Hörnle gesehen (oben). Eine Sommernacht am Hörnle, unter freiem Himmel – ein echtes Naturerlebnis! Und Zeit genug, um über das Hörnle als »Zeitberg« nachzudenken ... (unten).

Es ist kalt, grau. Der Nebel hängt in den Bäumen, Raureif schmückt Zweige. Ein kräftiger Wind macht Lärm in den Baumwipfeln. Ich steckte die Hände unwillkürlich tiefer in die Hosentasche, ziehe die Schultern hoch. Der Weg steigt immer wieder über steile Rampen an – nicht ganz leicht, da das Tempo zu halten.

Ein Tag im Spätherbst. Kein Schnee weit und breit, dafür ein solides Hoch über den Alpen. Das trennt die da unten von denen da oben. Letzteren geht es wie im wirklichen Leben eindeutig besser, sie stehen im Licht. Davon sehe ich noch nichts, kein Blau, nur tristes Grau.

Weitergehen. Die Höhenmeter fressen, den Puls etwas hochjagen. Wenn's schon nichts wird mit der Sonne, dann war der Weg auf das Hörnle wenigstens ein Trainingsparcours. Zwei Mädels überholen mich ganz locker, schenken dem alten Zausel beiläufig ein Lächeln. Ich lege einen Zahn zu, gerate aber bald außer Atem und lasse es bleiben. Es gibt Dinge, die kommen halt nicht mehr zurück, das muss ein Bergsteiger akzeptieren, der mit den Beatles jung war und in Cortina d'Ampezzo der ersten Mondlandung zuschaute: Menschheitsgeschichte live.

Ich bin ins Sinnieren geraten. Dabei hätte ich den ersten Sonnenstrahl fast verpasst: Es reißt auf. Mit einem Mal ist das Grau verschwunden, ein tiefblaues Firmament wölbt sich über den Bergen und mittendrin die Sonne, unvorstellbar weit weg – und trotzdem spüre ich ihre Wärme im Gesicht. Ein Wunder, das die Physik erklären kann, das aber trotzdem eines bleibt.

DIE DREI HÖRNLE

Viel mehr als harmlose Alpenrandmugel sind sie nicht, die drei Hörnle: das Vordere, das Mittlere und das Hintere. Würde man sie aufeinanderstapeln, käme immerhin eine Gesamthöhe von 4528 Metern heraus. Da müsste sich sogar das berühmteste aller Hörner, jenes bei Zermatt, mit seinen 4478 Metern noch ein wenig strecken.

Nun stehen die Hörnle aber nebeneinander und schauen hinaus ins flache Land, im Rücken die großen bayerischen Berge, angeführt von der Zugspitze. Die bestehen durchwegs aus Kalkfels, während die Hörnle aus Flysch aufgebaut sind, jenem Gestein, das bei der alpinen Gebirgsbildung anfiel, oft nachträglich verformt wurde und stark erosionsgefährdet ist. Das lässt sich besonders schön an der Ostflanke der

Hörnle beobachten, am Rißgraben, einer riesigen Rutschzone (Im Gsött). Ein markierter Weg, ausgehend von Grafenaschau, führt unmittelbar an den Rand des Abrisses. Ein Blick in diese »Wunde« macht unmissverständlich klar, dass selbst Berge nicht für die Ewigkeit gebaut sind ...

ZEITBERG, ZEITREISE

Dafür werden sie öfter vom Menschen mit allerlei Zierrat versehen. Der Mini-Hügel zwischen der Hörnlehütte und der Bergstation der Hörnlebahn bekam 2013 einen Namen: Zeitberg. Ein Rondell mit mehreren Sitzgelegenheiten soll gestressten Zeitgenossen helfen, ihrer hektischen, digital getakteten Arbeitswelt zu entfliehen, abzuschalten. Es gibt sogar Schließfächer, in die man sein Smartphone wegsperren kann ...

Am Hörnle gibt es nicht nur einen »Zeitberg«, hier kann man sogar eine echte Zeitreise unternehmen: eine Fahrt mit der Sesselbahn. Die datiert von 1954, ist also ganz klar ein Oldie, versieht aber auch heute noch klaglos ihren Dienst. Der Bau, an dem lediglich 15 (!) Arbeiter beteiligt waren (Stundenlohn 1,54 DM), verschlang die horrende Summe von fast 350 000 Mark. Sensationell und alpenweit einmalig ist das System mit Doppelschwenksitzen, das ein problemloses Aussteigen ermöglicht. Schnell ist das Verkehrsmittel aus der Frühzeit des deutschen Wirtschaftswunders allerdings nicht, gemütlich halt wie das Leben damals. Und im Jahr 2019 dauert die Fahrt hinauf zur Bergstation am Zeitberg immer noch zwanzig Minuten – da braucht ein durchtrainierter Athlet auch nicht viel länger. Der inneren Entschleunigung dient so ein Effort allerdings nicht unbedingt ...

Das seenreiche Vorland der Hörnle (links); grünes Land am Fuß der Berge (Mitte); Staffelsee mit seinen Inseln im Morgenlicht (rechts).

Mit der gemütlichen Fahrt aufs Hörnle könnte es allerdings bald aus sein; im Tal kursieren seit Jahren Pläne für einen Neubau der Anlage inklusive Riesenparkplatz, 10er-Gondeln und Pistenbeschneiung. Ob das nicht etwas viel ist für den kleinen Berg? Vielleicht liegt die Zukunft in diesem Fall ja eher in der Vergangenheit. In Bad Reichenhall verkehrt die Predigtstuhlbahn seit 1928, und längst kommen Besucher aus aller Welt, weil sie ein echtes Unikum ist ...

Ich steige zu Fuß ab, tauche bald ein ins Nebelgrau. Meine Gedanken bleiben noch eine Weile am Gipfel hängen, in der Sonne. Gerade noch war ich ein »Wanderer über dem Nebelmeer«, wie ihn Caspar David Friedrich in seinem berühmten Bild festgehalten hat, jetzt ist das Blau verschwunden und die Sonne auch. Macht nichts, die Erinnerung kann mir niemand nehmen.

 TOURENSTECKBRIEF

Kleiner Berg mit großer Aussicht: Blick vom Hinteren Hörnle auf das Estergebirge und das Wettersteinmassiv mit der Zugspitze (rechts). Davor Aufacker, Laber, Notkarspitze und Kofel. ▽▽

Charakteristik: Überschreitung des Bergstocks von Ost nach West; steiler Aufstieg von Grafenaschau, Abstieg alternativ mit dem Sessellift
Start: Bahnhof Grafenaschau / Westried
Ziel: Bahnhof Bad Kohlgrub
Verlauf: Westried (686 m) – Grafenaschau (658 m) – Rißberg (1420 m) – Hinteres Hörnle (1548 m) – Hörnlehütte (1400 m) – Bad Kohlgrub (828 m) – zurück nach Westried mit der Bahn
Gehzeit / Anstiegsleistung: 5 Std. / 890 Hm

Aufs Ettaler Manndl

KLEINE HIMMELSLEITER

Lediglich ein paar Kilometer von Dietramszell, wo ich zu Hause bin, liegt ein winziger Weiler mit einem hübschen Namen, um den ihn jede Großstadt beneidet: Spiegel. Einen »Spiegel« finde ich auch jeden Samstag in meinem Briefkasten. Bei der berühmten Wochenzeitschrift, die schon vielen Politikern und Managern schlaflose Nächte bereitet hat, arbeitet der Journalist Hilmar Schmundt. Mit ihm war ich vor gut zehn Jahren auf dem Ettaler Manndl, dem kleinen Felszacken über dem Klosterdorf mit seiner noch kleineren Via Ferrata. Hilmar sollte etwas über den Klettersteig-Boom in den Alpen schreiben – ein doch eher unverfängliches Thema.

VON BERLIN NACH ETTAL

Bei der Expedition mit dabei war auch eine junge Berlinerin. Hilmar Schmundt: »Ute Katzmann verbrachte viele der bislang 27 Sommer ihres Lebens an der Ostsee, und die Berge waren weit. Dann kam sie zum Studium nach München und wurde von Freunden überredet, auf den Klettersteig am Ettaler Manndl mitzukommen. Nun klammert sie sich an die Kette und fühlt sich fast, als ginge es um Leben und Tod. Und genau das ist der Reiz der Übung. Nicht real in Gefahr zu sein, sondern der Cliffhanger im Kopf. Natürlich weiß die Berlinerin: Wer hier den Halt verliert, aber mit Gurt und Karabinern gesichert ist, rutscht meist nur etwas ab, bevor er vom Stahlseil gehalten wird. [...] Wie an einem eisernen Ariadnefaden kraxeln die Bergfans durch die bizarren Felslabyrinthe, die sonst Gämsen und Climbern vorbehalten wären. Das vertikale Wandern gilt als Wellnessvariante des Kletterns. Was zählt, ist das gefühlte Abenteuer.«

Ute hat ihr erstes Klettersteig-Abenteuer gut überstanden, auch wenn sie dabei zunächst etwas Mühe mit den ungewohnten Bewegungsabläufen hatte. »Ich war vorhin ein Schisser«, beichtet sie hinterher. Und schlägt von sich aus vor: Auf zur nächsten Ferrata. Sobald der Muskelkater nachlässt.

DAS KLOSTER ETTAL UND SEINE KIRCHE

Der Klettersteig ist nur ein Grund, Ettal anzusteuern. Der zweite: die Klosterkirche, deren Kuppel sofort ins Auge springt. Stein über Stein auch hier, wie droben am Berg. Der gewaltige Komplex symbolisiert die (vergangene) Macht der Kirche, die sich auch mit durchaus irdischen Geschäften bestens auskannte. Beim Gotteshaus handelt es

Das steinerne Ettaler Paar – Manndl und Weibl. Der kleine Klettersteig aus Opas Zeiten ist jüngst durch eine moderne Anlage ersetzt worden.

sich um einen ursprünglich gotischen Bau, 1370 geweiht, der aber – ein Unikum – über einem zwölfeckigen Grundriss aufgeführt und mit einem Sterngewölbe bekrönt wurde. Als im frühen 18. Jahrhundert ein Umbau des Gotteshauses anstand, übernahm der damalige Münchner Hofbaumeister, der Graubündner Enrico Zucalli, die Idee eines Zentralbaus und lieferte die Pläne für den mächtigen Kuppelbau. 1744 zerstörte ein Großbrand die Kirche und Teile des Klosters. Der Wessobrunner Franz Schmutzer leitete den Wiederaufbau, wobei er sich weitgehend an die Pläne Zucallis hielt. Das monumentale Kuppelfresko schuf der aus Reutte stammende Tiroler Johann Jakob Zeiller.

AUSKLANG

Wir sind wohlbehalten wieder drunten im Tal. Ute verzichtet darauf, aus Dankbarkeit über die glückliche Rettung aus großer Gefahr im Kloster eine Kerze anzuzünden, lädt uns dafür aber zu einem Umtrunk in die Schaukäserei ein. Da stärken wir uns dann mit einer Brotzeit und einem Ettaler Bier. Seit über 400 Jahren wird im Kloster nicht nur gebetet, sondern auch Gerstensaft gebraut. Und der schmeckt prima. Prost!

 TOURENSTECKBRIEF

Charakteristik: Mäßig anstrengende Gipfeltour mit gesichertem Finale (mittlerweile neue Sicherungen, keine Kette mehr); für Ungeübte mit Klettersteigset, Helm auf jeden Fall ratsam
Start: Parkplatz neben der Klostermauer in Ettal
Verlauf: Ettal (877 m) – Einstieg (ca. 1580 m) – Ettaler Manndl (1633 m)
Gehzeit / Anstiegsleistung: 3¾ Std. / 760 Hm

Zur blauen Stunde: die zwei Felszähne über Ettal, ein beliebtes Tourenziel (oben).
Fast überall in den Bayerischen Alpen zu Hause: die Gämse. Sie verbringt den Sommer am liebsten in alpinen Hochlagen, steigt aber – vor allem im Winter – auch gerne in tiefere Waldregionen ab (unten).

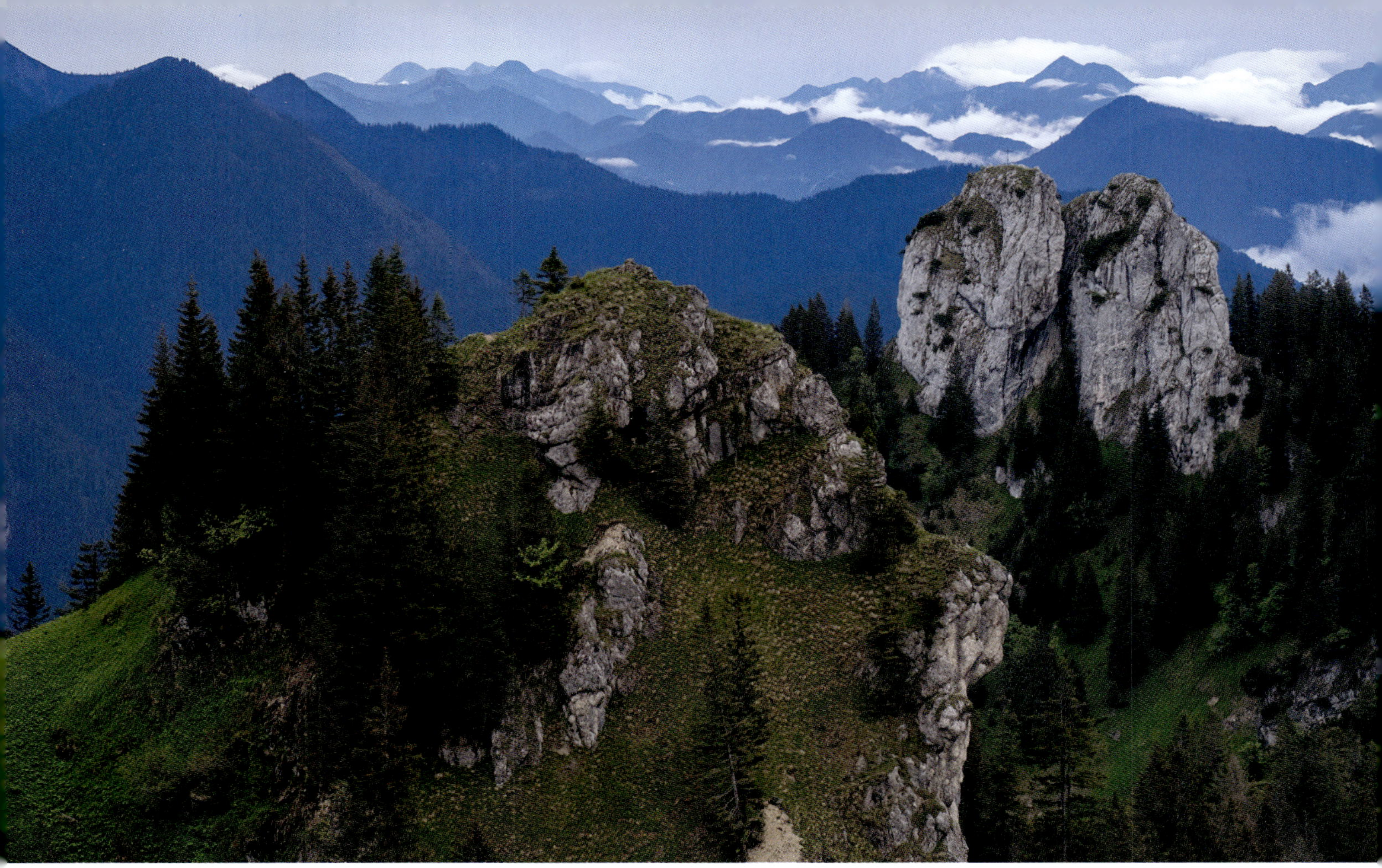

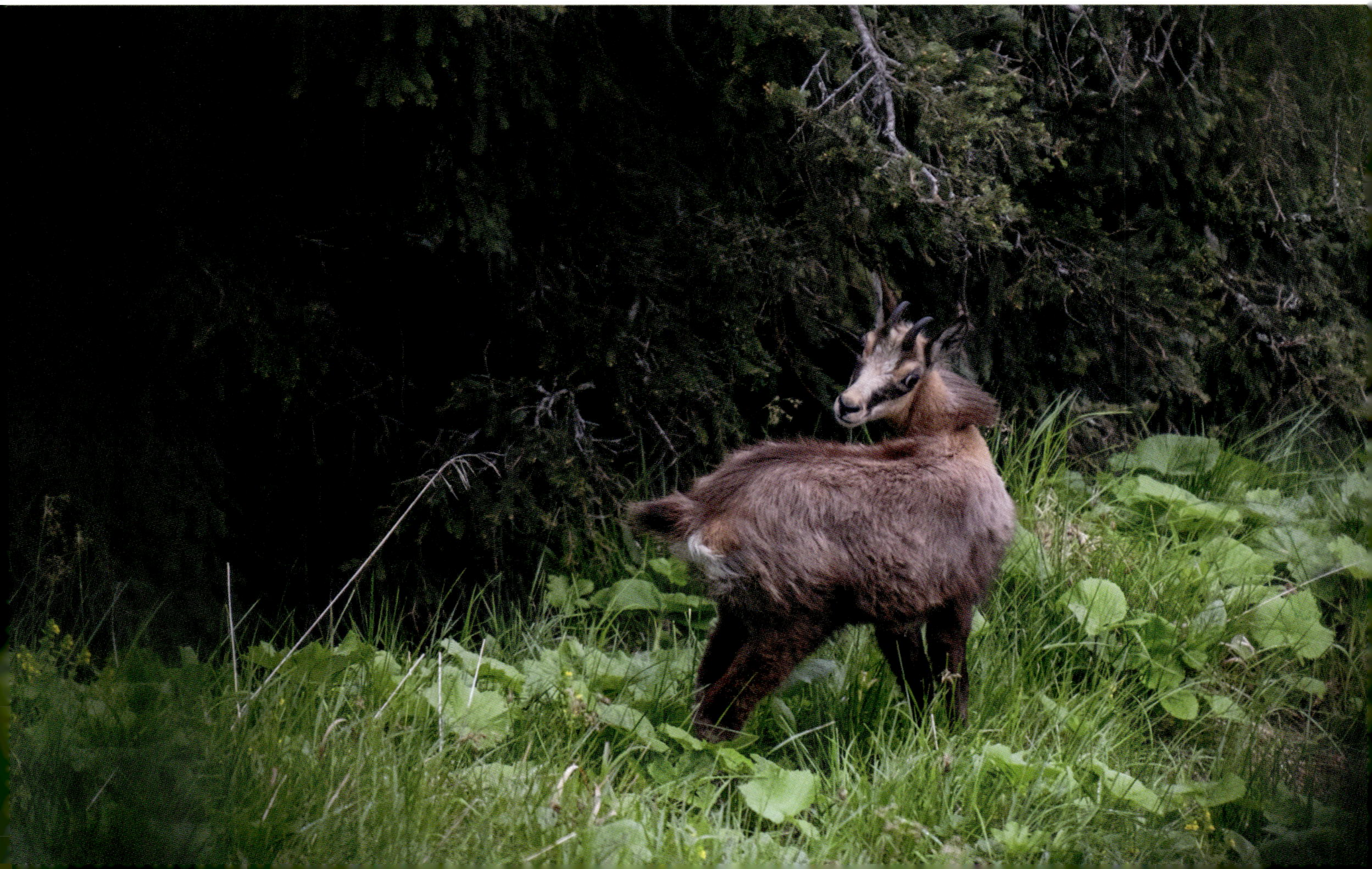

AUSSICHTSBALKONE

Das Tierchen mit dem lateinischen Namen Cimex lectularius ist winzig, ausgesprochen hässlich und sehr anpassungsfähig. Es hat sechs Füße und ernährt sich von Blut, vorzugsweise menschlichem. Die Bettwanze – um die geht es hier – ist ein echter Kosmopolit. Sie kommt sowohl in tropischen als auch in arktischen Regionen vor, steigt in den Alpen bis über die Waldgrenze hinauf. Und als Kulturfolger nistet sich der Parasit gerne in Berghütten ein. Das hat mitunter Konsequenzen, sehr unangenehme sogar. Das Pürschlinghaus etwa, seit vielen Jahren ganzjährig bewirtschaftet, blieb im Winter 2017/18 geschlossen. Eine Radikalkur, um die unerwünschten Gäste loszuwerden. Und tatsächlich, die Fieslinge, die extreme Kälte gar nicht mögen, starben mitsamt ihrer ungeborenen Brut ab.

Kraxeln an den Felszacken des Pürschlings. Besonders lohnend ist eine Überschreitung des ostwärts anschließenden Sonnenberggrats auf schmalem Pfad.

WANZENPLAGE

Beim Alpenverein ist man sich des Problems durchaus bewusst. Mangelnde Hygiene, darauf wird nachdrücklich hingewiesen, sei keine Ursache für eine Wanzenplage. Vielmehr würden die Insekten oft mitwandern, im Rucksack oder in den Kleidern, sich dann in den Hütten einnisten. Und wenn es dunkel wird, krabbeln sie los auf der Suche nach einer Mahlzeit. In weniger als einer Viertelstunde kann eine ausgewachsene Wanze das Siebenfache ihres Eigengewichts aufsaugen.

Unglaublich! Wenig tröstlich ist da, dass auch Hotels mit Wanzenbefall zu kämpfen haben und sogar die Räume des Wall Street Journals in New York schon mal von den Tierchen gekapert worden sein sollen. Auf dem Balkan bediente man sich früher der Natur, um die Wanzen von der nächtlichen Lagerstatt fernzuhalten. Rund ums Bett wurden Bohnenblätter ausgelegt, an deren Härchen die Viecher dann hängenblieben. Am Morgen sammelte man Blätter und Wanzen ein und warf alles ins Feuer.

TEUFLISCH

Wir sind nicht im Balkan unterwegs, sondern in den Ammergauer Alpen, das Pürschlinghaus ist wieder clean, aber übernachten wollen wir heute trotzdem nicht. Der Gipfel, auf den wir es abgesehen haben, ist weder besonders hoch noch richtig schroff. Lediglich sein Name – Teufelstättkopf – könnte uns vielleicht abschrecken – wer will sich schon mit dem Teufel anlegen oder ihm gar auf den Kopf steigen? Vielleicht hatte

der Gehörnte ja seine Finger auch bei jenem – lange zurückliegenden – Unglück am benachbarten Hennenkopf im Spiel: »An diesem scharfen Stein verschied / Herr Johann Jakob Störenfried. / Er störte alles Wild infam, / bis ihn ein Bock am Wickel nahm. / Ein Gamsbock lockerte den Stein / und schlug dem Mann den Schädel ein. / Ihm hilft kein Vaterunser mehr, / der Teufel gibt ihn doch nicht her.«

Wir nehmen die Tour auf den Teufelstättkopf trotzdem in Angriff, lassen uns weder vom Leibhaftigen noch von den sechsbeinigen Krabbelviechern davon abhalten. Keine tausend Höhenmeter, alles gut markiert, genau richtig für diesen schönen Maitag. Das Pürschlinghaus hat eine Zufahrt, der wir brav folgen. Dann sind wir bald aus dem Plattenberggraben heraus und der Horizont weitet sich erheblich. Fast zum Greifen nah der Felsbug des Pürschlings, in der Tiefe das Graswangtal, darüber die Zugspitze. Und der Teufel, pardon, der Teufelstättkopf ist auch nicht mehr weit. Über Wiesen und Waldpartien schraubt sich der Pfad hinauf zum Grat, den man im Rücken des Latschenkopfs gewinnt. Hier rechts zu den Felsen, wo ein dickes Drahtseil zum Festhalten einlädt. Dann ist man schon oben, darf ein Panorama genießen, wie es typisch ist für Alpenrandgipfel: auf der einen Seite die Hochalpen, im Norden das flache Land.

VERGESSENES HANDWERK?

Am Rückweg wartet noch ein finales Highlight: die Schleifmühlenklamm mit ihren Wasserfällen, seit ein paar Jahren durch einen soliden Steig bequem begehbar. Ihr Name weist auf ein verschwundenes Handwerk hin: das Schleifen von Wetzsteinen, in Unterammergau über drei Jahrhunderte lang ein rentabler Wirtschaftszweig. Wenn

Blick vom Pürschling auf die Zugspitze (links); Sonnenaufgang am Pürschling, am Horizont die Benediktenwand (Mitte); Teufelstätt-kopf und Pürschlinghaus (rechts).

man am richtigen Tag unterwegs ist (Bayerischer Mühlentag und jeder zweite Samstag zwischen Juli und September), kann man einem der ehrenamtlichen Unterammergauer Wetzsteinmacher bei der Arbeit über die Schulter schauen und sich einer Führung in der Wetzsteinmühle anschließen.

Das Rohmaterial, ein besonderer Kalk, wurde einst oberhalb der Schlucht an den Abhängen des Schartenköpfels gebrochen und bis 1880 von Hand, später mechanisch in den wasserbetriebenen Mühlen geschliffen. Die Wetzsteine waren ein echter Exportschlager. Noch um die Mitte des 19. Jahrhunderts lebten in Unterammergau über 40 Familien neben der Landwirtschaft von der Wetzsteinschleiferei. Nach dem Zweiten Weltkrieg wurde die Produktion dann eingestellt: industrielle Fertigung schlägt Handwerk.

Über den Wolken. Am Gipfelgrat des Teufelstättkopfs; Blick über den Sonnenberggrat zum Estergebirge. Links im Schatten das Felshorn des Kofels, rechts in der Nachmittagssonne die Notkarspitze, dahinter am Horizont die Karwendelberge. ▽▽

 TOURENSTECKBRIEF

Charakteristik: Beliebte Gipfeltour mit felsigem Finale
Start: Parkplatz am Liftweg südwestlich von Unterammergau
Verlauf: Parkplatz (ca. 880 m) – Pürschlinghaus (August-Schuster-Haus, 1564 m) – Teufelstättkopf (1756 m) – Schleifmühlenklamm – Parkplatz
Gehzeit / Anstiegsleistung: 5 Std. / 880 Hm

Brunnenkopfhäuser

EIN PLATZ MIT GESCHICHTE

»Auf der Höhe des Brunnenkopfs steht, die ganze Aussicht über die Berge beherrschend, ein allerliebst gebautes und eingerichtetes Jagdhaus des Königs mit einem zierlich umzäunten Garten davor, welcher Exemplare von allen Alpengewächsen enthält.

Der König bemerkte, daß einige von uns sehr müde waren, und verabschiedete uns. Unser Nachtquartier war in einer nahe gelegenen Jagdhütte bereitet und bestand aus einem romantischen Heulager, auf welchem wir uns nebeneinander ausstreckten wie die gerechten Kammacher in Kellers ›Leuten von Seldwyla‹. Doch ehe wir zur Ruhe gingen, ließen wir uns noch ein Glas Glühwein bereiten, da die Nacht auf der Höhe des Brunnenkopfs grimmig kalt war. Beim Glühwein, der unsere steifen Glieder nur allmählich erwärmte, wurde noch ein wenig geraucht und in dem kleinen eisernen Ofen im unteren Teile der Jagdhütte Feuer an gemacht, welches aber nicht recht brennen wollte, dagegen die ganze Hütte mit einem augenbeizenden Qualm anfüllte. Nur die unverwüstlichen Augen der beiden Hauptjäger der Gesellschaft, Franz von Kobell und Graf Ricciardelli, schienen von dem Rauch nichts zu spüren, der noch durch das Rauchen aus kurzen Jagdpfeifen vermehrt wurde. Die beiden wetterfesten Jäger schienen auch keine Müdigkeit zu fühlen, denn sie unterhielten sich noch lange über allerlei Jagdabenteuer, welche sie früher auf dem Brunnenkopf – einem Hauptpunkt die Gemsjagden – erlebt, und als endlich die Müdigkeit über meine schmerzenden Augen den schweren Sieg davontrug – es war schon spät in der Nacht –, hörte ich noch wie meine Nachbarn sich darüber stritten, ob im bayrischen Gebirge auch Steinhühner vorkämen oder nicht.«

EINES KÖNIGS REISE

Sommer 1858. Maximilian II., seit zehn Jahren als König in München residierend, machte sich auf, sein Volk kennenzulernen, auf einer Reise durch Oberbayern, vom Bodensee durchs Allgäu bis nach Berchtesgaden. Begleitet wurde er von einer illustren Gesellschaft; man ging über weite Strecken zu Fuß, war selten zu Pferd oder in der Kutsche unterwegs. Das Wetter zeigte sich sehr wechselhaft, es regnete oft, doch der Stimmung im Tross tat das keinen Abbruch, wie Friedrich von Bodenstedt betont, der die Reise gewissenhaft protokollierte. Eine Nacht verbrachte Maximilian mit ein paar Begleitern in den Brunnenkopfhäusern, wo sie – wie Bodenstedt schreibt – »die Alpen in der letzten Glut der untergehenden Sonne glühen sahen«. Der letzte bayerische König hat längst

Einer der markantesten Gipfel der Ammergauer Alpen: die Große Klammspitze, rechts flankiert von ihrer kleinen Schwester. Eine spannende Überschreitung führt von der Kenzenhütte über die Große Klammspitze zur Brunnenkopfhütte.

abgedankt, die Brunnenkopfhäuser gehören dem DAV, der das ehemalige Lakaienhaus als Alpenvereinshütte betreibt: ein kleines, urgemütliches Haus, das allen offen steht. Hoch zu Ross kommen heute keine Gäste mehr, dafür per Mountainbike.

SCHLOSS LINDERHOF

Maximilian II. ließ die beiden Häuser am Brunnenkopf samt Zugangsweg 1856 anlegen. Allerdings nicht der schönen Aussicht wegen, sondern weil dieser Teil der Ammergauer Alpen als besonders ergiebiges Jagdrevier galt. Sein Sohn, der Märchenkönig Ludwig II., hatte da ganz andere Interessen. Während seiner Regentschaft entstand im innersten Graswangtal ein prunkvolles Schloss: Linderhof, heute ein Hotspot des bayerischen Tourismus. Eine besondere Attraktion bildet die Venusgrotte im Schlosspark, für deren Bau der Monarch eigens einen Ingenieur ins italienische Capri schickte, um das unvergleichliche Blau der berühmten Grotte zu studieren. Ludwig II. nutzte bei seinen Fantasiewelten auch moderne Technik. So war die elektrische Beleuchtungsanlage mit ihren 24 Dynamos der Firma Siemens & Halske das erste elektrische Kraftwerk Bayerns, angetrieben von einer Dampfmaschine! Leider kann man die Grotte erst 2022 (voraussichtlich) wieder besichtigen; sie wird umfassend renoviert.

EIN HÜTTENBUMMEL

Unser Ziel an diesem schönen Herbsttag ist die Brunnenkopfhütte, die auch Ludwig II. immer wieder gerne aufsuchte. An Sybilla von Leonrod, seine frühere Erzieherin, schrieb er 1870 in einem Brief: »Welche Sehnsucht habe ich nach den Bergen. – Auf

Ein gastliches Haus, einst Jagdhütte der Wittelsbacher Könige, heute sind alle willkommen, auch Menschen wie du und ich, ganz ohne adelige Ahnengalerie. Und gekocht wird – von Luis Baudrexl und seiner Mutter – mindestens so gut wie zu Zeiten von Maximilian II.

den Bergen ist Freiheit und überall, wo der Mensch nicht hinkommt mit seiner Qual.« Wir folgen den Spuren des rätselhaften Königs, wandern von Linderhof auf dem schön angelegten, bequem zu gehenden Reitweg durch den Dreisäuler Wald hinauf zum Grat und hinüber zum Haus, genießen dabei den Ausblick übers Graswangtal auf den Zentralgipfel der Ammergauer Alpen, die Kreuzspitze (2185 m). Zuletzt kommt dann auch die Große Klammspitze (1924 m) ins Bild, eine stolze, felsige Pyramide. »Zu spät«, sage ich nach einem Blick auf die Uhr. Macht nichts, wir lassen uns auf der Terrasse nieder, bestellen einen Kaiserschmarrn und genießen »Sonnenstrahlenlieb-kosungen statt Beauty-Center« und die »Felsskulpturendauerausstellung statt Fanta-sielosigkeit«. So steht's im Glücks-Steckbrief der Hütte. Das unterschreiben wir gerne.

 TOURENSTECKBRIEF

Charakteristik: Gemütlicher Hüttenbummel auf dem schön angelegten, in weiten Schleifen verlaufenden Reitweg
Start: Parkplatz bzw. Bushalt beim Schloss Linderhof
Verlauf: Parkplatz (940 m) – Brunnenkopfhütte (1602 m)
Gehzeit / Anstiegsleistung: 3¼ Std. / 660 Hm

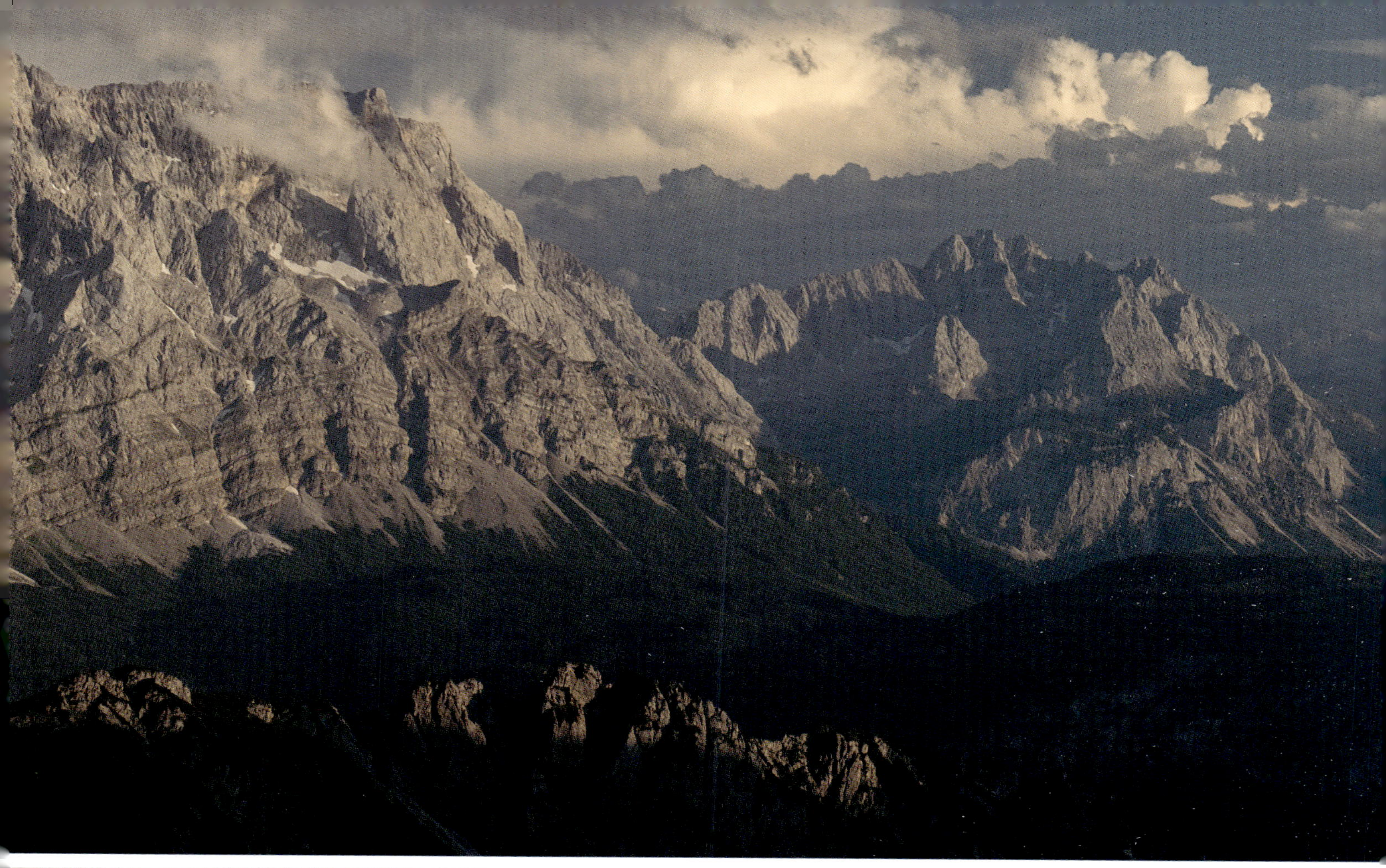

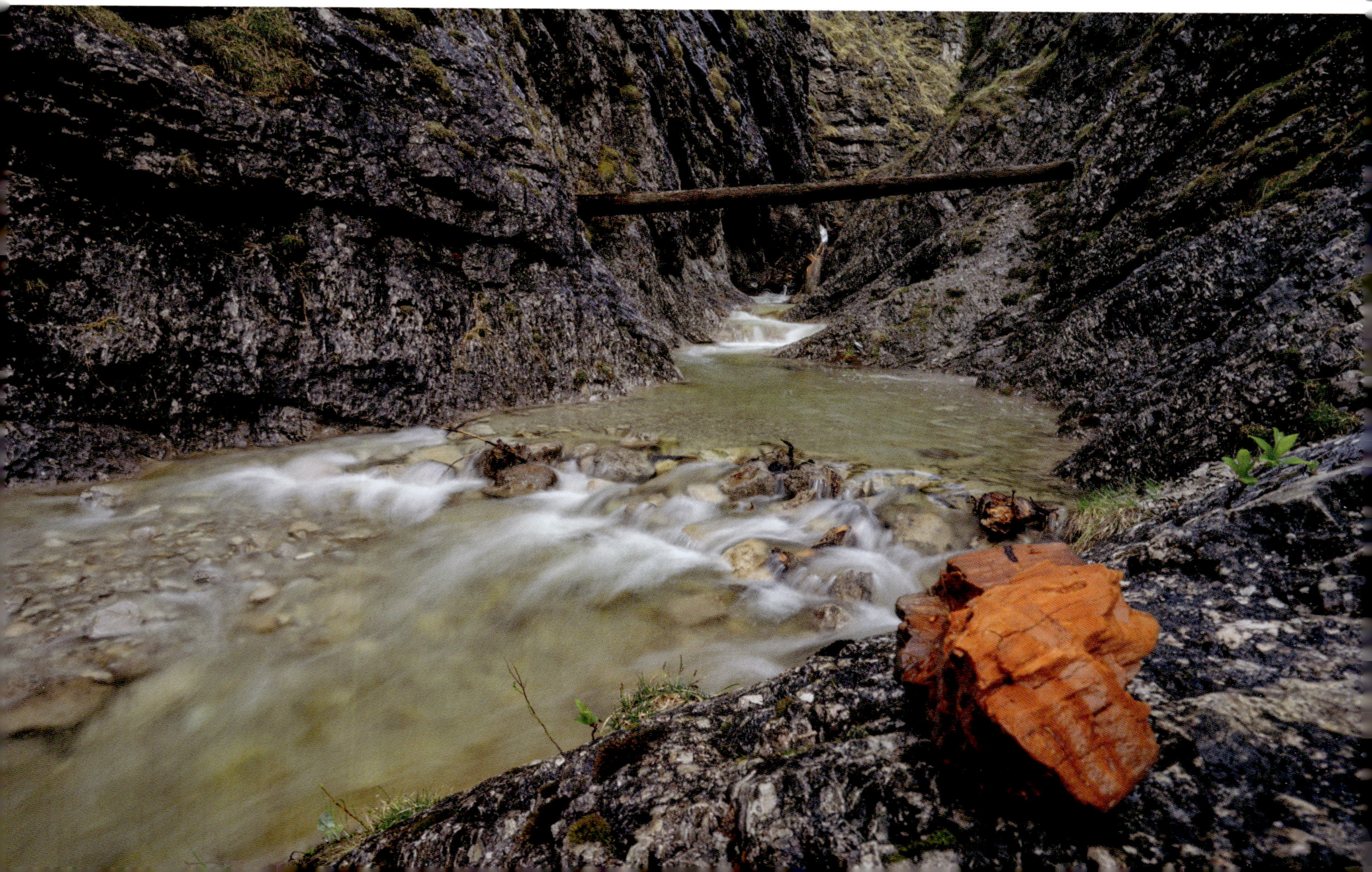

NACHDENKEN AM BERG

Die Zeiten ändern sich – und mitunter merken wir das nicht einmal. Wer früher oft und gerne zu Fuß unterwegs war, tat dies mit einer topografischen Karte im Rucksack, er wanderte im Tal oder über ein Joch oder er bestieg einen Gipfel. Abends, wieder zu Hause, war man müde, zufrieden und um ein schönes Erlebnis reicher. Heute ist das deutlich komplizierter, manchmal wenigstens. Eine App auf dem Smartphone zählt deine Schritte, die Uhr am Handgelenk Puls und Blutdruck, und natürlich ist auch die Wetterentwicklung jederzeit abrufbar. Manche betreiben auf dem Weg zum Gipfel auch noch Selbstfindung, schließen sich vielleicht gleich einer von Therapeuten geleiteten Gruppe an, um das gesteckte Ziel – om, om – ja nicht zu verfehlen. Dass man sich angesichts bergsteigerischer Herausforderungen ein Stück weit selbst kennenlernen kann, wusste übrigens schon ein berühmter Südtiroler Alpinist: Reinhold Messner. Dabei – tat er kund – muss es nicht einmal unbedingt ein Achttausender sein.

DIE AMMERGAUER ALPEN

Unser Gipfelziel ist gerade mal knapp 2000 Meter hoch. Wir sind allerdings auch nicht im Himalaja, sondern in den Ammergauer Alpen unterwegs. Trekking auf Bayerisch sozusagen. Und ich bin mir ganz sicher, dass wir bei unserer Überschreitung weder Yaks noch Touristengruppen begegnen werden, die mit Yoga- oder Atemübungen beschäftigt sind, dafür vielleicht ein paar Gämsen und dem einen oder anderen Individualisten, der – wie wir – viel lieber allein oder zu zweit reist. Das geht in den Ammergauern recht gut, sind doch viele Wege weit und recht steinig, kein Gipfel ist wirklich berühmt und kompakte Kletterwände fehlen ganz. Dass die Erosion an dem Hauptdolomit seit Urzeiten besonders heftig nagt, belegen gewaltige Schuttströme und tief eingerissene, nur sehr schwer zugängliche Schluchten. So hat das Geschiebe der Friederlaine, die in dem apokalyptisch wilden Felskessel unter der Schellschlicht entspringt, einen ganzen Wald unterwandert, ihn in einen riesigen Baumfriedhof verwandelt, das Friedergrieß.

IN DEN CANYON

Unser Weg führt erst einmal hinauf, nicht talwärts. Und er macht gleich unmissverständlich klar, was das Wort »wild« in den Ammergauern bedeutet. Die schmale, aber

Nicht der höchste, aber der mächtigste Gipfel im Kienjoch-Panorama: die Zugspitze. Rechts dahinter ein paar Gipfel der Mieminger Kette mit der eleganten Felspyramide der Ehrwalder Sonnenspitze (oben). Ammergauer Urwelt. In der wilden Klamm des Kühalpenbachs (unten).

Sonne, Wolken und
ein Regenschauer ver-
wandeln das grüne
Graswangtal in eine ver-
wunschene Zauberwelt.

gut begehbare Spur leitet hinein ins Kühalpenbachtal, das eigentlich ein Canyon ist, quert extrem steile Grashänge hoch über dem Wasser und steigt schließlich wieder ab in den Grund der Klamm. Weiter taleinwärts künden mächtige Verbauungen vom Kampf zwischen dem Menschen und der Natur. Wer ihn langfristig gewinnen wird, ist klar. Denn die Erde hat das, was uns fehlt: Zeit.

So leicht gerät man beim Wandern ins Philosophieren. Während du dem richtigen Weg folgst, Schritt um Schritt dem Ziel ein kleines Stück näher kommst, geraten die Gedanken leicht auf Abwege. Wie unglaublich kurz ein Menschenleben ist, erfährt man fast hautnah bei dem Gang durch diese epische Bergwelt, deren Geschichte vor vielen Jahrmillionen auf dem Grund eines Urzeitmeeres begann, die mit Lava bespuckt und unter dem Eis begraben wurde, ehe Wasser, Wind und Wetter ihr Zerstörungswerk begannen. Dann tauchte der Homo sapiens auf, er streifte durch die Täler, siedelte, betrieb Land- und Viehwirtschaft, erfand das Automobil und verschwand schließlich in einem digitalen Loch.

ZUM GIPFEL
Beinahe wäre ich über einen Stein gestolpert. Das kleine Missgeschick bringt mich umgehend zurück in die Gegenwart – ausgeträumt! Der Weg durchs Kühalpenbachtal steigt nun steil an und mündet – wie profan! – in eine breite Sandpiste. Nach wenigen Minuten verlassen wir sie bereits wieder und folgen dem schmalen Steig, der durch die »Gruben« ansteigt. Zuletzt geht's im Links-rechts-Takt hinauf zur Grathöhe, wo der Blick nach Westen, auf Frieder und Kreuzspitz, frei wird. Der Rest ist dann schaulaufen

zum Geißsprüngkopf und weiter zum Kienjoch, gut einen Kilometer über dem flachen Boden des Graswangtals.

Oben sein. Immer wieder ein schönes Gefühl – geschafft! Natürlich ist der Gipfel nur ein Punkt am Weg, aber halt der höchste. Das zeichnet ihn allemal aus, auch wenn das Erlebnis sich aus vielen Wegpunkten zusammensetzt, von denen manche vielleicht einen stärkeren Eindruck machen. Mich hat heute vor allem der Graben des Kühalpenbachs fasziniert. Im Panorama des Kienjochs – auch sehr schön – stehen hundert Gipfel, und von Schloss Linderhof herauf grüßt der »Kini«. Ich stelle mir vor, wie er in seiner Venusgrotte einer Welt, seiner Fantasiewelt, entgegenträumt, dem Alltag weit entrückt. Noch so ein Spinner ...

 TOURENSTECKBRIEF

Charakteristik: Recht anspruchsvolle Gipfelrunde, teilweise schmale, steinige Wege; Schwindelfreiheit, ein sicherer Tritt und Ausdauer unerlässlich
Start: Wanderparkplatz in Graswang
Verlauf: Graswang (867 m) – Kühalpenbachtal – Kuhalm (1326 m) – Grat (1775 m) – Kienjoch (1953 m) – Kieneckspitz (1943 m) – Graswang
Gehzeit / Anstiegsleistung: 6½ Std. / 1250 Hm

Weit verbreitet in den Bayerischen Alpen: die Kugelige Teufelskralle (oben). Nur noch ein paar Schritte zum Gipfel des Kienjochs. Oben gibt's zur Belohnung ein kontrastreiches Panorama mit viel Grün und noch mehr Felsgrau. Blickfang ist das gewaltige Massiv der Zugspitze (links).

Dafür gehen wir in die Berge: Sonnenaufgang über dem Wendelstein, beobachtet vom Gipfel der Benediktenwand. ▽▽

Der Fotograf und der Autor

 **Bernd Ritschel** wurde 1963 im oberbayerischen Wolfratshausen geboren und lebt heute mit seiner Familie in Kochel am See. Seit mehr als 30 Jahren liegt der Schwerpunkt seiner fotografischen Arbeit in den Bergen der Welt. Über 30 Bildbände, mehrere Lehrbücher, zahlreiche Kalender und unzählige Veröffentlichungen in großen Magazinen spiegeln seine fotografische Leidenschaft wider.
In den letzten fünf Jahren hat der renommierte Bergfotograf über 100 Fototouren in den Bayerischen Alpen unternommen, um den vorliegenden Bildband möglichst vielfältig zu fotografieren. »All diese Touren, all diese unzähligen Stunden am Berg, sind eine Hommage an meine Bergheimat. Ich bin dankbar, dass ich hier leben darf.«

 **Eugen E. Hüsler**, geboren 1944 in Zürich, ist seit bald einem halben Jahrhundert in den Alpen unterwegs, gerne auch abseits der Renommierziele, aber immer mit Blick auf die aktuellen Entwicklungen des Bergtourismus. Fast so lange schreibt er über »seine« Berge. Das Ergebnis: weit über 100 Bücher sowie viele Zeitschriftenbeiträge. Und eine tiefe Verbundenheit mit der Natur, die uns so reich beschenkt – und trotzdem so viel aushalten muss.
Eugen E. Hüsler ist verheiratet und lebt seit 1983 mit seiner Hildegard im bayerischen Alpenvorland.

Impressum

Lektorat: Barbara Wickenburg, Murnau
Layout und Gestaltung:
Gaby Herbrecht VerlagsService und Verlag
Reproduktionen: Artilitho snc, Lavis – Trento, Italien
Druck und Bindung: DZS Grafik d.o.o., Ljubljana-Šentvid, Slowenien

Sämtliche Fotografien stammen von Bernd Ritschel. Alle Texte wurden von Eugen E. Hüsler verfasst.

Titelbild: Sonnenaufgang am Alpenrand, rechts die Benediktenwand.
Umschlagrückseite: Der Heimgarten, gespiegelt im Loisachkanal bei Kochel.
Seite 2/3: Blick vom Krottenkopf nach Osten auf Schinder, Blauberge, Hinteres Sonnwendjoch, Zahmer Kaiser, Schneidjoch, Wilder Kaiser und Guffert (v.l.).
Seite 4/5: Kleiner Berg, große Aussicht: Blick vom Martinskopf auf den Schafreiter. Rechts das Sonnjoch.
Seite 6/7: Wasser und Berge am Alpenrand: der Kochelsee, darüber Herzogstand, Heimgarten und Rötelstein.
Seite 8/9: Vogelperspektive – ein Schiffchen auf der Isar, an der Mündung in den Sylvensteinsee.

Übersichtskarte: Sebastian Schrank,
© Bergverlag Rother

Quellennachweis:
Das Zitat von Lorenz von Westenrieder zum Wendelstein (S. 20) stammt aus:
Robert Eberhard, Land unter dem Wendelstein.

Das Jennerweinlied von S. 37 wurde gefunden auf www.deutsche-lieder-online.de

Das Zitat über die Grenzen der Kunst (S. 81) stammt aus: Franz Marc, Briefe aus dem Feld, München, Allitera 2014.

Die Rechte für das Zitat auf S. 154 liegen bei Hilmar Schmundt.

Das Zitat auf S. 164 stammt aus: Friedrich Bodenstedt: Eines Königs Reise. Erinnerungsblätter an König Maximilian II. von Bayern, ediert von Wolfram Göbel, München, Allitera 2011, S. 36f.

1. Auflage 2019
© Bergverlag Rother GmbH, München

Alle Rechte vorbehalten

ISBN 978-3-7633-7081-8